حسام حمدان

سَنَابِل

المملكة الأردنية الهاشمية

رقم الإيداع لدى دائرة المكتبة الوطنية

(2021/10/6062)

811.9

حمدان، حسام جميل - سنابل - حمدان حسام جميل - جفرا ناشرون

وموزعون المؤلف، 2021

ر.إ.: (2021/10/6062)

الواصفات: / النصوص الأدبية // الخواطر الأدبية // الأدب

العربي - العصر الحديث

جفرا ناشرون وموزعون

عمان - الاردن

تلفون : 00962781332881 - مراد سارة

ايميل : muradsarah01@gmail.com

حسام حمدان

الإهداء

أهدي هذا الكتاب إلى والدي ووالدتي، اخواتي واخواني، الأهل والأصدقاء أينما كانوا والى قرية كفرراعي ومدينة بوسطن بأمريكا بإتاحة الفرصة والمجال للعيش وكسب الخبرة.

خالص الشكر والامتنان للأخ مراد ساره

على التوثيق واعداد وطبع ونشر هذا الكتاب.

تحياتي

حسام حمدان

كفرراعي/ابوسطن

٢٠٢٢/٧/١

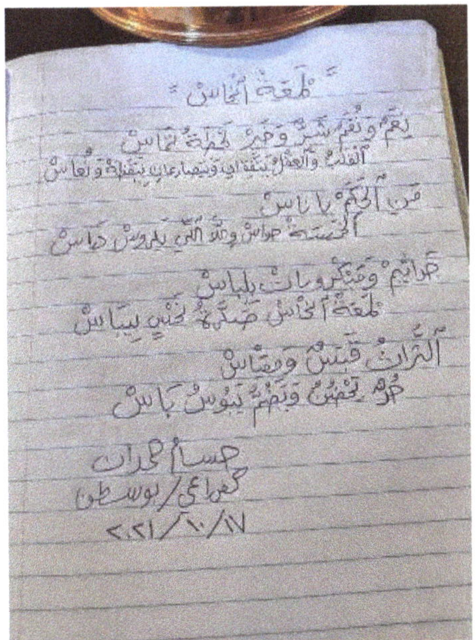

لَمْعَةْ انْحَاسْ

نَعَمْ ونُقَمْ شَرٌّ وَخَيْرٌ لَحْظَةُ تَمَاسْ..
الْقَلْبُ وَالْعَقْلُ يتّفِقانِ وَيتصارعانِ بِيَقَظةٍ ونُعاسْ.

مَنِ الحَكَمْ يا ناسْ..
الْخَمْسَةْ حواسْ والّا اللّي يِدوسْ دَاسْ..

جَراثيمْ ومَيكْروباتْ بلباسْ..
لَمْعَةْ انْحاسْ صَدَّةُ نَحْسٍ بِيباسْ..

التُّراثُ قَبَسٌ ومِقْياس.. حُرّ يَحْضُنْ وَيضُمُّ يَبُوسْ بَاسْ..

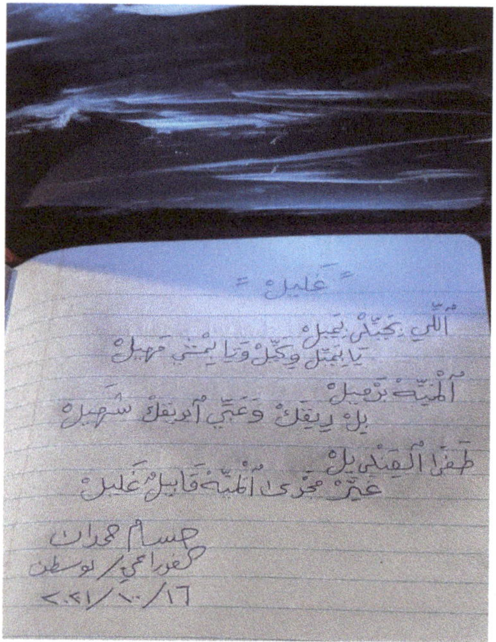

غَليـــــــلْ

اللّي بِحَيّدْ بِمَيّلْ..

يا بِمَيّلْ وَكِيلْ.. و يا بِمْشي مَهيلْ..

الْمَيّة بِرميلْ..

بِلْ ريقَكْ.. وعَبّي بِريقَكْ شَهيلْ..

طَفَى القِنديلْ..

غَيّرْ مَجْرى المَيَّه... قَابيلْ غَليلْ...

هَلَا بِالْجُمعَــــة

هَلَا بِالجُمعَة هلِي علينا بِشَمْعَة ولّمْعَه..
أحرارُ طَيبونْ بِنعْمي وَسْمْعَه..
كَرَمُ الكريمِ راق لي بِنَبْعه
نَبَاتٌ بِالقَلبِ يَعلو بِنَسيم وَنَعْشه..
يَا نفسُ اطمَئنّي يَرعاكَ الربُّ بِلَمْسه..
اذْكُريهِ واحْمِديهِ بِيوْمِ الجُمْعَة..

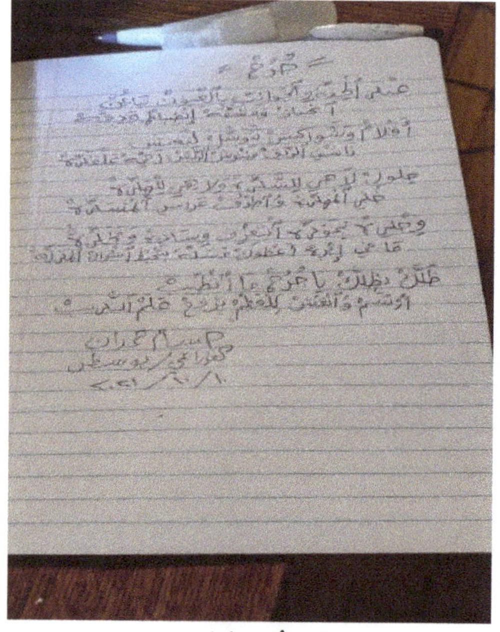

جُـــرْح

عِنْدَ الحِفّةْ والجَوانِبْ بالعُيونْ تَبايُنْ..
انحِيازْ ومَشَقّةْ انضِباطٌ ودِقّةْ..
أَقْلامْ وشواكيشْ تَتَوَسّلْ لتَعيشْ..
نَاشِفِ الرّيقْ مَنْتوشْ الرّيشْ.. زَحْمهْ عَلَى قَدّه..
حلولْ لَا هِي للسَّدّةْ ولا هِي للهَدّةْ..
خُذِ الهَدّةْ واطْرُقْ على راسِ المَسَدّةْ..
وحْدَةْ بمَوَدّةْ ابْتِعَرّفْ وْسادة ومَخَدّةْ..
ما فِي إبْرَة أعطوكْ مَسَلّةْ بِتْخَيّطْ شوالِ المذَلّةْ..
ظَلّكْ بظَلّكْ يا جُرْحْ مَا تْطيبْ...
ارسُمْ وانْقُشْ للعَظْم يِرفَعْ عَلَمْ النّديبْ.

حَنيـــن

غَادَرِ الحُبُّ مَراحْ..
للسَّعيِ بَعيد راحْ..
بالغُربَة الدِّيكُ نَبَاحْ..
الفَجرُ لَيلٌ بِحَنينٍ طَاحْ..
ذِكْرَياتٌ ترمي وترمي بِجِماحْ..
يَخْفِقُ القَلبُ مِرارًا بِجِناحْ..
بابُ الصَّيرة مُشَرَّعٌ لِسِماحْ..
مَسيرةُ الأَليف لِرُبوعِ الموت بِرُعب وانْبِطاحْ..
اللَّحفُ جَبلٌ بِقطايِن وذُرعانُهُ سَراحْ..

عُرْقانُهُ جُحُورٌ وحُجراتٌ للأُلفة وفَضُّ الخِصامِ مُتاحْ..
غَابَتِ الشَّمسُ والكُلُّ رَوحٌ وللصّيرَةِ رَاحْ..
أنَا وَينْ اقْشَعَرّ الجِلدُ
ولانَ القلبُ بجدّي ومِزاحْ..

اسْتِعْـــراضْ

بالطّولْ بالعَرضْ مَشْيةٌ عَلى الأرْضْ..
خُطْواتٌ وأثَرُ رسْمةٍ للحياةِ سُنّةٌ وفَرْضْ..

شُروطٌ وَقُيودٌ بمَراسيمْ وعَرضْ..

أكْعَبابٌ بِألْحانِ تسْتَعْرِضُ للصّمتِ زيّ بِقرضْ..

تتمايل مْكاييلُهْ قُلْنا وبِنقولُهْ..

رِيتْ الخْير عِندُ اللّي نْطولُهْ..

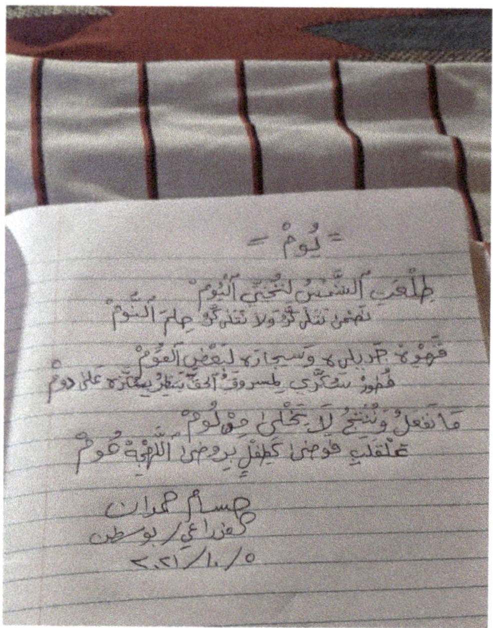

يُـــومْ

طَلعَتِ الشَّمْسُ لتُحيِّي اليَوْمْ..
نَصْحَى نَتَذكَّرُ وَلَا نَتَذكَّرُ حلمَ النَّومْ..
قَهوِهْ جَريدِهْ وَسيجارَه لبَعْضِ القَومْ..
فُطورْ سُكَّري لمسروقُ الحقِّ ينتَظِرُ بِسُكَّرِه عَلى دومْ..
مَا نَفعَلُ وَنُنتِج لَا يَخْلى منْ لُومْ..
عَالقَلبِ فَوضى كَطِفْلٍ برِوضى اللَّهْجَة عُومْ..

شَمِّــــــر

لَوْ بدُّه يفيدَكْ فَادَكْ..
شَمِّرْ عَنْ بَاعَكْ وذِرَاعَكْ..
كِبْحُ جُمَاحَةِ انْكَمَشَ..
بقباحَةِ انحنَى وانْصرف..
إحمارْتَكْ العَرْجَه ولا حصانْ غَيرَكْ..
عَاشَ يَعِيشُ افْتَخَرْ..

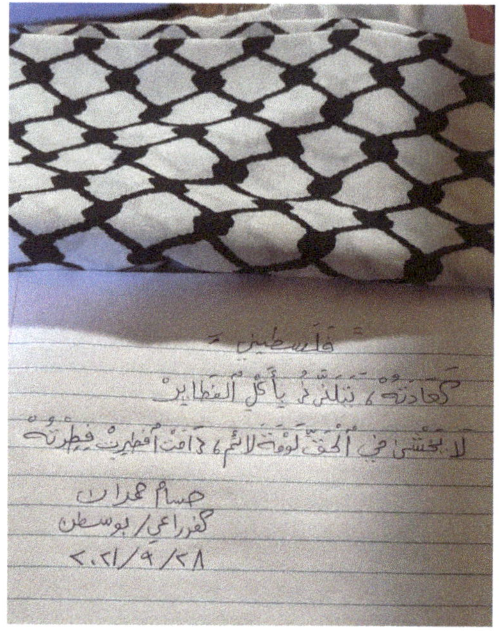

فَلَسطيـــــني

كَعادَتهْ يَتَلَذَّذُ بِأَكْل الفَطايِرْ..
لا يَخْشَى في الْحَقِّ لَوْمَةَ لائم..
دَامَتْ افطيرتْ فِطِرْتُهْ..

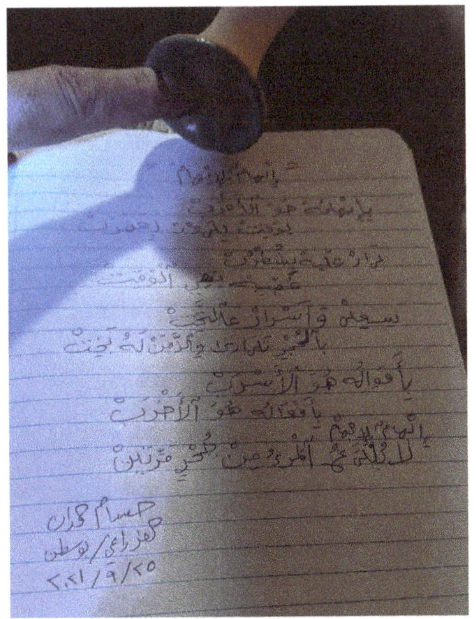

إِلْهَامٌ لِإِبْهَام

بِإِبْهَامُهْ هُوَ الأَقْرَبْ..
بِوَقْتْ بِدَوِّرْ بِعَقْرَبْ..
دَارَ عَليْهْ بِشَطْرَبْ..
عُصْبه نسِي الْوَقْتْ..
سعْدْ وَأَسْرَارْ عَالتَّخْتْ..
بِالْحَجْرِ تَدَارى والزَّمَنْ لَهُ بَخْتْ..
بِأَقْواله هُوَ الأَسْرَبْ..
بِأَفْعاله هُوَ الأَحْزَبْ..
إِلْهَامٌ لإِبْهَامْ..
لا يُلدَغُ المرءُ مِنْ جُحْرٍ مَرَّتين..

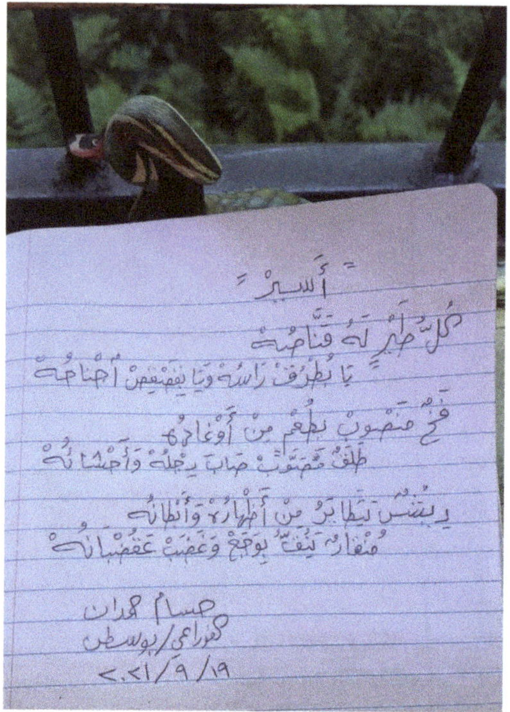

أَسِيْـــر

كُلُّ طَيرٍ لَهُ قَنَّاصَهْ ..
يَا بُطْرِقٌ رَاسْهُ يَا بِقَصقِصْ جْنَاحُهْ ..
فَخٌ مَنصُوبْ بطُعْمٍ مِنْ أوغَادَهْ ..
طَلَقٌ مُصَوَّبْ صَابَ رِجْلُهْ وأَحشَائَهْ ..
رِيشٌ يَتَطَايَرْ مِنْ أَظْهَارُهْ وأَبْطَانُهْ ..
مِنْقَارٌ يَنُقُّ بِوَجَعٍ وَغَضَبْ عَقُضْبَانُهْ ..

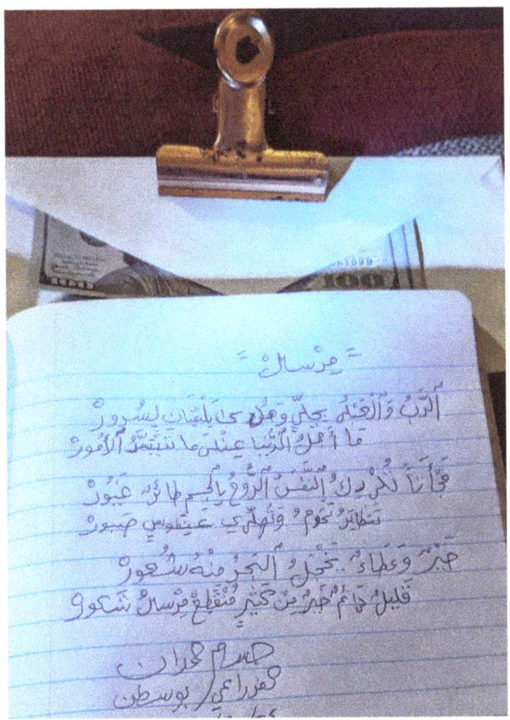

مِرسَـــــال

الرَّبُّ وَالعَبْدُ بجدٍّ وَهدى يلتَقيان بسُرورْ..
مَا أجمَلَ الدُّنيا عنْدَما تَتَيسَّرُ الأُمورْ..
فَجأةً تُدرِكُ النَّفْسُ الرُّوحُ بالجسم طائرٌ غيُورْ..
تَتَطايرُ تَحومُ وَتُهدي عنْفوس صَبورْ..
خَيرٌ وعَطاءٌ يَخجلُ البَحرُ منهُ شُعورْ..
قَليلٌ دَائمٌ خَيرٌ مِن كَثيرٍ مُنْقَطِعْ مِرسالٌ شَكورْ

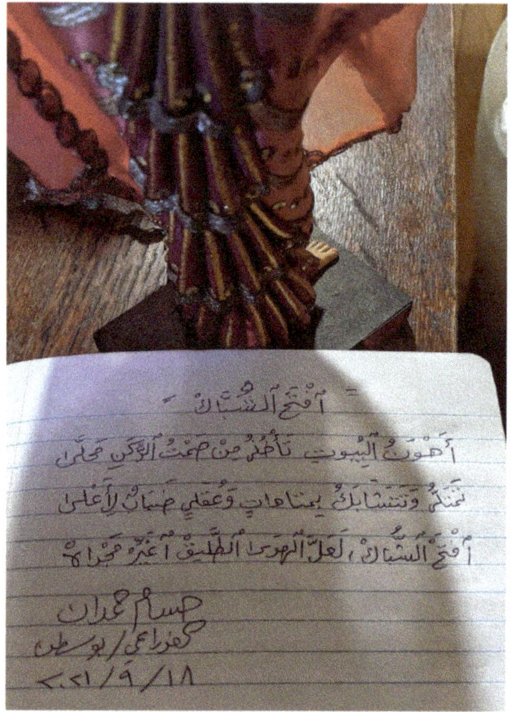

افْتَحِ الشُّبَّاكَ

أَهْوَنُ الْبُيُوت تَأْخُذُ مِنْ صَمْتُ الرُّكْنِ مَحَلًّى..
تَمْتَدُّ وَتَتَشَابَكُ بِمَتَاهَاتٍ وَعُقْدٍ ضَبَابٌ لِأَعْلَى..
افْتَحِ الشُّبَّاكَ لَعَلَّ الْهَوَى الطَّلِيقَ يُغَيِّرُ مَجْرَاهُ..

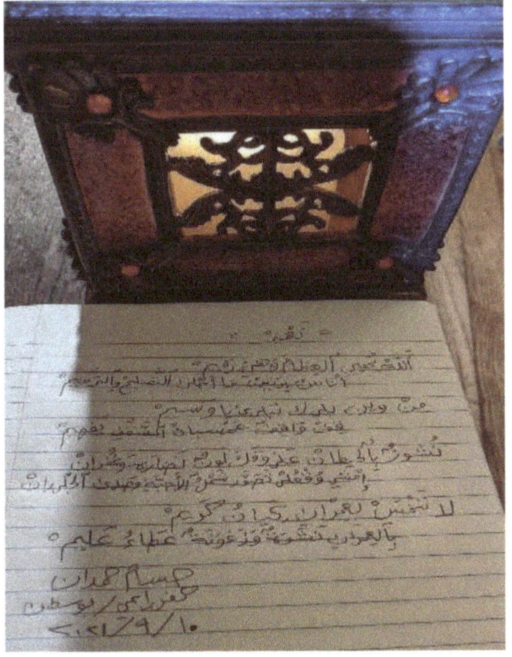

تَعْمِيـــر

اللهُ يُحيي العِظامَ وَهيَ رَميمْ..
أُناسٌ بِرَنين مَا أَحْلى التَّصليحْ والتَّرميمْ..
مِنْ وين بدك تبدئ يا وَسيمْ..
قِفْ وَاقِفْ عَحسبانُ السَّقْف يِفهيمْ..
نُشوزٌ بالحيطانْ عَذوقَك لَونُ نَضارَة وغُفرانْ..
امْشي وُاقعُدْ تصَوَّر شَمْلُ الأَحبّة وصَدى الجُدرانْ..
لا تَبْخَسْ بعمْران كِيانٌ كَريمْ..
بالعِمرانِ نَشوَةٌ وَزَغوَنَةٌ عَطاءٌ عَليمْ..

ثَمَرٌ

ثَمَرٌ سَقَطَ عَلَى الأَرْضِ لِعَوَضْ..
انْجالْ بِشْوالْ وَآخَر تُرِك حُرٌّ لِغَرَضْ..
عَصْفٌ وَخَصْفٌ بِأَيام وَلَيالي..
قَلايِدْ قُطَينْ عَحْوَى بِذَنبْ لا يُبالي..
زَبِيبْ لَحَبِيبْ بِحُبّ لَا يُعِيبْ..
بِالشَّتاتِ وَالهِجران مَلقَى الأَحبّة عَجِيبْ..
الجَرجِيرْ يَجُرّ خُطوات الأَمَل لَبعِيدْ..
قَمردِينْ لِلسَّهْوِ نَدِيدْ.. يعْلِكُه آدَم وَشوقُه بَرِيدْ..

تَشْتَري وَقْت

هَدَفُها كَبير مَع الوَقتْ..
عَصاه وَجَزَرَهْ.. لَيالي قَمْرَة وَأيّام مَقتْ..
اشْوَيَّه اشْوَيَّه تَأخُدْ عَالسَّكتْ..
مِنْ لَحْمَك وَدَمَّك تشتَري وَقتْ..
بُرازُ الحَمام يَتَراكَمُ بِسَخْطٍ وَعَنتْ..
زَغْلولٌ أزرقُ الجِلدِ عَرَفِ صمتْ..

عَــــالٍ وَخَـــاطِـــــرْ

زَوايا الْمَزايا تَزْهو بِحُسْنِ الْخَواصِلْ..
وَجْهٌ لِوَجْهٍ عِنْوانُ سَلامٍ بِدونِكَ فَواصِلْ..
بِالْحُبِّ صِيري وَفيضِي عَبالٍ وَخَاطِرْ..
هَاجِسُ التَّقيِّ صَادِقٌ.. وَبِهُدى الرَّحمنِ شَاطِرْ..
دامتْ الْجُمعة مُبارَكة عَبالٍ وَخَاطِر

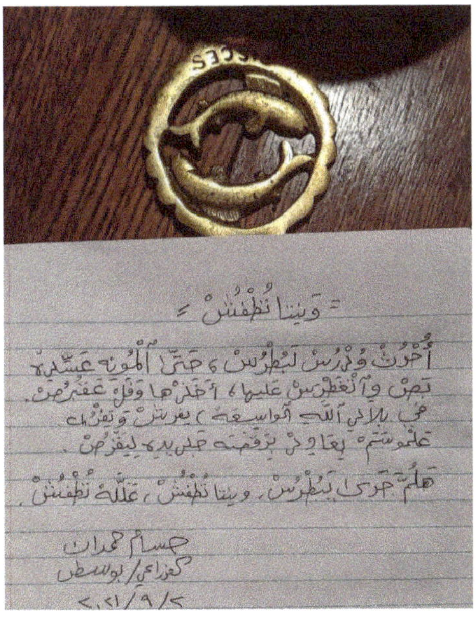

وَينتـا تُطفُـــش

احْرُثْ وُادْرُسْ لَبُطْرُسْ، حَتّى المُونه عَسِّده
بَصْ واتْغَطْرَسْ عَليها، أَخَذْها وفَلْ عَقْبَرِصْ
ﰲ بلاد اللّه الواسعَة، يفرشْ ويفرُرْch
عَلْموسَمْ بَعاوِدْ برَقْصه جديده لِيقرُصْ
هلُمّ جرى يَبُطرُسْ، وينتا تُطفُشْ،عَلّه تُطفُشْ

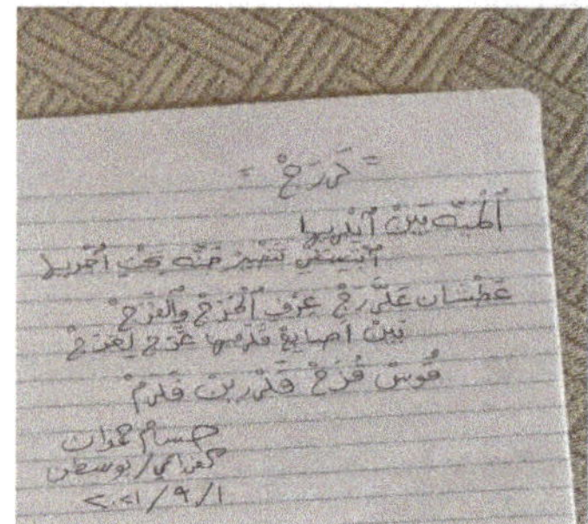

دَرَج

المَيَّه بَيْن ايديها..
ابْتِسقي تَتْصيرْ جَنَّة تَحْت اجريها..
عَطْشان عَدَّرَج عِرْف الحَرَج والفَرَج..
بَيْن أصابِع قَدَميها
عَرَج لعَرَج..
قُوسْ قُزَحْ قَدْرين قَدَمْ..

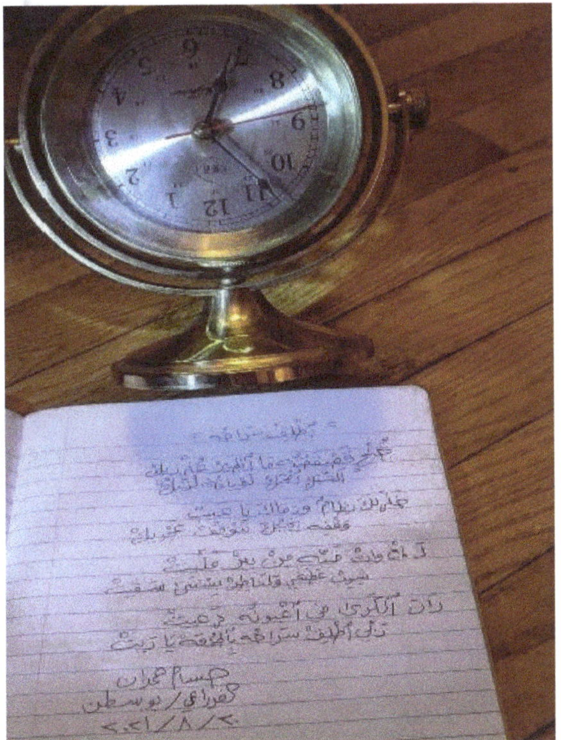

أُطْلِـــقْ سَراحُـــه

جُنْحِ قَصْقَصْتُه مَا ايطِيرْ عُذْرِيكْ..
الشَّبَكْ امْحَبَّكْ لَوْياتُهْ لُزَّيكْ

خَذَلَكَ نِظَامٌ وَرَمَاكَ يَا عَيبْ..
وَقْفِه بِجَنْبِكَ تَتْوَقُّفْ عَجْرِيكْ..رَchوَاتْ مَيَّة مِنْ بِيرْ مَلِّيتْ..

شِرِبْ عَطشِي وَلْنَاطِرْ بِسْتَنّى سَقِيتْ..
رَانَ الكَرى في اعْيونُه دَعِيتْ..

رَبِّي اطْلِقْ سَراحُه بِالجُمْعَة يَا رِيتْ..

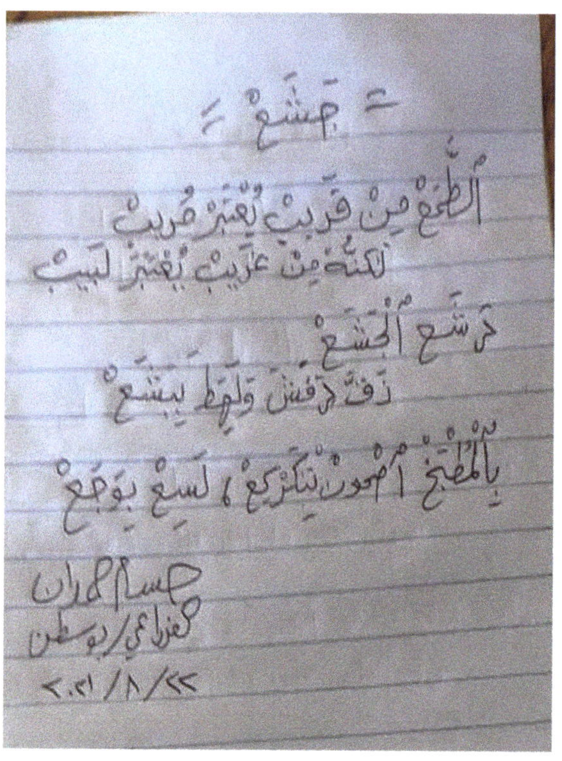

جَشَـــــعْ

الطَّمَعْ مِنْ قَريبْ يُعْتَبَرْ مُريبْ..
لكِنَّهُ مِنْ غَريبْ يُعْتَبَرْ لَبيبْ..
دَشَع الجَشَعْ.. زَقٌّ دَفَشْ وَلَهَطْ بِبَشَعْ..
بِالمَطبَخْ صحونْ بِتكَركِعْ.. لَسِعْ بِوَجَعْ

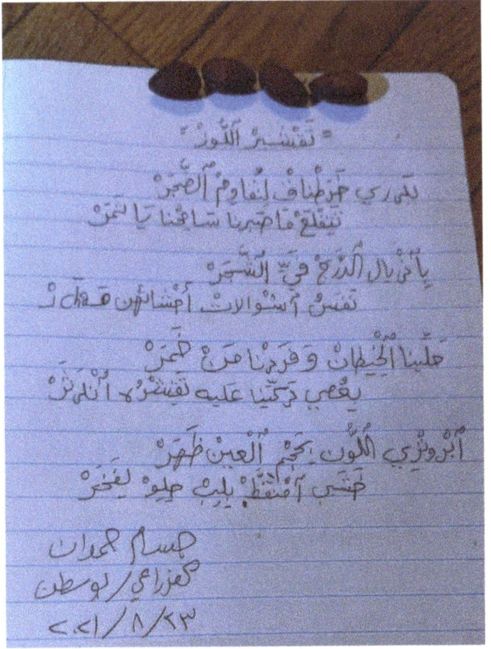

تَقْشِيـــرُ اللُّــوزْ

بَدْري خَرَطْناكْ لِنُقاوِمْ الضَّجَرْ..
تَتِفْلَعْ مَا صَبْرِنا سامِحْنا يَا ثَمَرْ..
بِاذْيالْ الدَّرْجْ فِيّْ الشَّجَرْ..
نَفَسُ اشْوالاتْ أَحْشائِهِن مَch‍رْ..
حَلِّينا الخِيطانْ وفَرِدْنا مَنْ خَمَرْ..
بِعْصِي دَكِّينا عَلَيه تَقِشْرُه انْدَثَرْ..
ابْرونْزِي اللُّون بِحَجْمْ العَيِنْ ظَهَرْ..
خَشَبِي مِنَقَّطْ بِلبّ حِلوْ يِفْخَرْ..

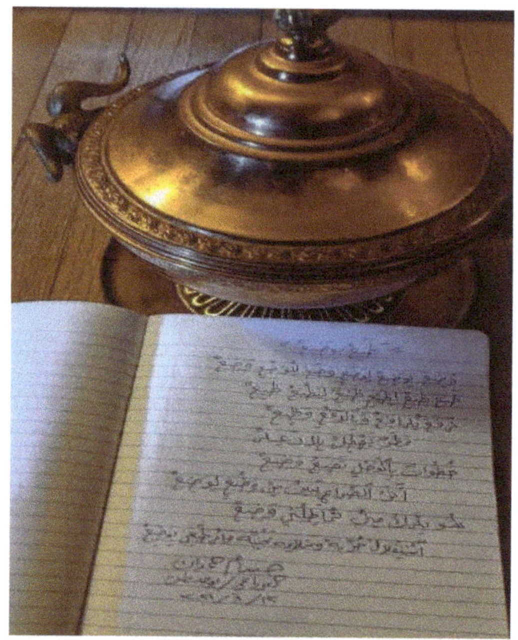

طَبِـــعْ بِوَضِــــعْ

وُضِعَ بِوَضْعْ لِوَضْعْ وَضَعْ لِلْوَضْعِ وَضِعْ..
ظَبِعْ ظَبِعْ لِظَبِعْ ظَبِعْ لِيَظْبِعْ ظَبِعْ...
دفعْ يُدافِعُ وبِالدَّفْعِ وَظِعْ..
مطرٌ يَهْطِلُ بِلا رعدْ..
خُطواتٌ بِالْوَحِلِ تَضِعُ وَضِعْ..
أثرُ الصِّراعِ يبينُ مِنْ وَضِعٍ لِوَضِعْ..
شُو بدَّكْ مِنِّي تُماطِلُني وَضِعْ..
اسْتِقْلالْ حُرِّيَةْ وسلامة بَحْتِيَة مَرادُ ظَبِعي بِوَضِعْ..

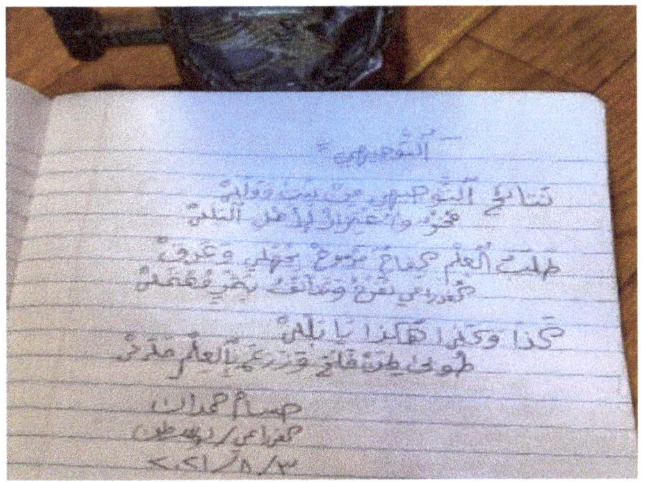

التَّوجيهــي

نَتائج التَّوجيهي مِنْ بِنْتْ وَوَلَدْ..
فَخُرُ واعتزازْ لأهلِ البَلَدْ..
طَلَبُ العِلمِ كفاحٌ مَرسوخْ بِجُهْدٍ وَعَرقْ..
كُفر راعي تَفرَحُ وَتَتَأَلَّقُ بِثَمَرٍ مُعْتَمَدْ..
كَذَا وَكَذَا هَكذا يَا بَلَدْ..
طُوبى لِمَنْ فَلَحَ وَزَرَعَ بالعِلمِ مَدَدْ

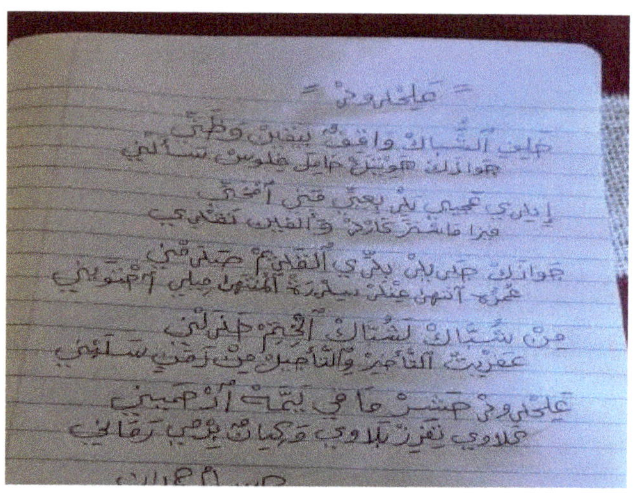

عَالحِـــــدودْ

خَلف الشُّبَاكْ وَاقِفْ بِيقِينْ وَظَنِّي...
جَوَازَكْ هَوِيَّتَكْ حَامِل فلوسْ سَأَلْني..
إِيدي عَجِيبِي يَدْ بِعَبِّي مَني مخَبِّي..
فِيزا مَاسْتَر كَارْدْ وَأَلْفين نَقْدِي..
جَوَازَكْ جَدِيدْ بَدِّي القَدِيمْ صَدَمْني..
عُمْرُه انتَهى عِنْدْ سِدْرَة المُنْتَهى مِيلي احْتَوِيني...
مِنْ شُبَّاكْ لَشُبّاكْ الخَتِمْ خَذَلْني..
عَفرِيتْ التَّأخِيرْ والتَّأجِيلْ مِنْ زَمَنِ سَلَبْني..
عَلحُدودْ حَشَرْ مَا فِي يَمَّة ارْحَميني...
كَلاوي تِفرِزْ بَلاوي وَكِيانْ بِرْمي رَمَاني.

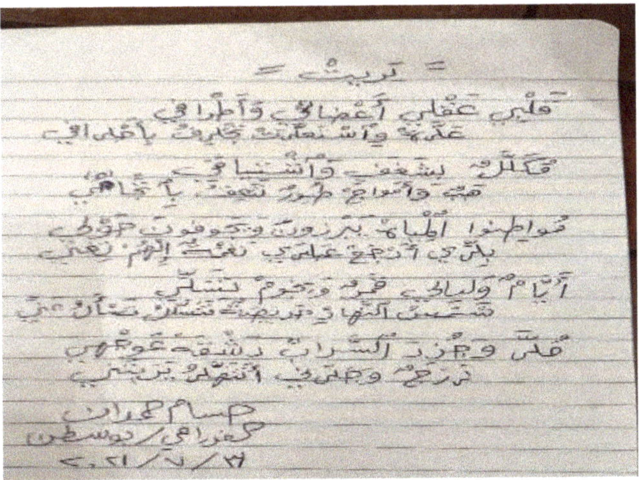

يَا ريـــت

قَلْبِي عَقْلي أعضائي وَأطرايِي..
عدّةٌ واستَعدَّتْ تَجدفُ بِأَجْدايِي..
مُكَلَّلٌ بِشَغَف وَاشْتياقي..
هبَّ وَأمواجٌ طيورٌ تنعقُ بِاتِّجاهي...
مُواطنوا المِياه يَبرزونَ وَيجوفونَ حَوْلي..
بِدّي أرجَعْ عَبلدي نَغمةٌ إلْهُم تغني..
أَيامٌ وَليالي قَمرٌ وَنجومٌ تسَلِّي..
شَمسُ النَّهار حريصةٌ تتسلَّلُ تسأل عنّي..
مُدَّ وَجزرَ السَّراب رَشقةً عوَجهي..
دَرَجَ وَجدَني أتنَهَّدُ يَريتَني.

زَنْبَــقٌ

بِحَديقَتي زَنْبَقٌ نَمى عَقْدٌ طُولي
فَرْدُ زَهْرَهُ يا عَيْنُ شُويِّ
يَنحني لِرَفْرَفَة طَيرٍ طارَ بِعُطْري
النَّحلُ وَالفَراشُ تَتَراقَصْ وَتَمتَصُّ الرَّحيقَ بِصَحبي
سَلامٌ عَلى جَمالٍ لِلْحُرِّ ضَربي
طُوبى لِأرضٍ زَرِعَتْ لِتَسُرَّ عَيني

تفضَّـل جيْــرة الله عَليكْ

سَواءْ كُنْتْ أمُرْ عَليهِمْ قَاعْدين بوكْلو بالفَيَّة
تحتْ الشَّجَرْ.. أوْ لَمَّنْ أدخُلْ عليهم بالدار يتناولوا الطَّعام، أوَّل كَلِماتْ
كَانَتْ تصدُرْ منهم ..
«تفضَّلْ، جيرَة الله عَليكْ».
يا سلام عَلى هالكَلِمات المُعبِّرة عن الكرَمْ وَالجُودْ قَديش كُنْت أطيرْفَرَحْ.
كائَتْ هَذه الجُملَة تُنطَقْ مِنَ الرجال والنِّساءْ ..
ما أجملْ مِن تُراث كرَمُنا النَّقيُّ الأصيلْ.

بِــرٌّ....

مُناوَرَه..وَمُشاوَرَه ....إذْنْ ظُهْرها بِرٌّ مَفْتوحْ مِنْ وَرَى(اء)
لَفّ وَفَتَحْ،
مُهْجَةٌ..قَادَتْهُ إلى قَمَرٍ بِلَوْحاتٍ عَلى الجنْبيْن
سُكونْ
لَمْ يَعْلَمْ وَيَعْرِفْ...بِهِ أحلَى

الْمُفَكِّر ....

أرْكَى...ظَهْرُ للكُتُبْ.. تِمْثالَكْ رودان
المُفَكِّرَ بِفِكْرْ يا سُتّار
مُذكِّراتْ وَاتِّفاقياتْ أعْذارْ وَعَتَبْ
غُبارْ...عَلِحْزوزْ مِنْ وهمْ بِعذرٍ بِجوزْ

حَاوَلْنا انْلاحِقِ العيّارْ لِبابْ الدَّارْ
سَبَقْنا ولَفّ مِنْ وَرى الدَّارْ
امْقَعْدنا...عَلِمْسْطبَةْ...بِجديدْ كِتابْ
مُسْتوطناتْ شُروطٍ وقيودْ حسابُه حسابْ...
فَكَّرْ المُفَكِّرْ زالْ الغُبارْ.. الجَديدْ قَديمْ وينْ ما لَفّ و دَارْ

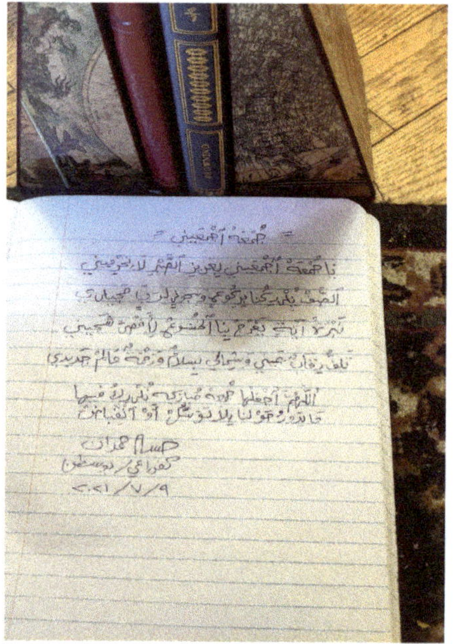

جُمْعَـــةٌ اجْمَعِينِــــي

يَا جُمعَهْ اجمَعيني بعَزيزِ الصَّبْرِ لَا تِحرِميني
الصّفْ يُدرِكُنا برُكُوعٍ وَسجودٍ لربٍ مَجيدي
نَبرَةُ آيةٍ...يَعْرُجُ بِنا الخُشوعُ لأَقْصىَ شَجيني..
تَلِفُّ رِقَابُ يَمِيني وَشِمالي بِسلامٍ وَرَحمَةٌ عَالمْ جَديدي

اللَّهُمَّ...اجْعَلْها جُمعهْ مُبارَكهْ نُدْرِكُ فيها ...

مَا يَدورُ حَوْلنا...بِلا تَوَسُّلْ...

أوْ انْقِباضْ..

لَيْل

اللّيْلة وَجهُ القَمَرْ تُفّاحَةْ
ضَوُه عَسَطْح المُحيطْ فوّاحة...
فيَنَسْ...عَالي بلالي ..
بِشَعْشِعْ...سَبْعَةْ ..ثَماني...للْغوالي
عَرمِل جَمعةْ سَتّطاشْ ابْتُرقص وبتْغنّي ..
طاشَتْ...ثياب وبالميّة عوام نغنّي...يَدَنّي ...
لَوْ خَيّروني فيهنْ...مَاخُذْ إلّا الشّطيرَةْ...
إمِّ الخْصرْ...لْمَدَوَّرْ
ومِّ القَامَةْ...الطَويلَةْ ..
طَالَ اللّيْل وِالصُّبِحْ أخذْ مَجْراه

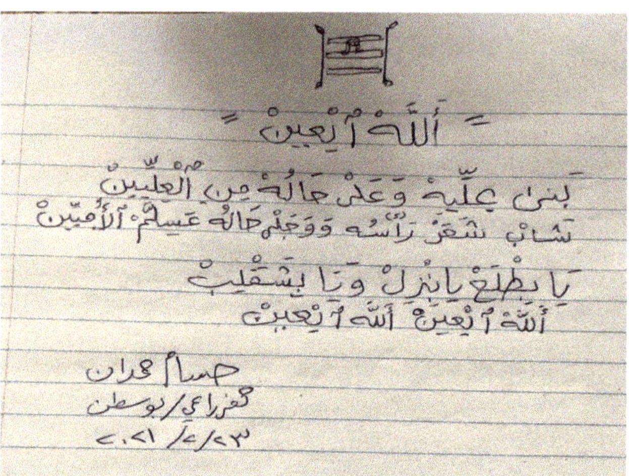

الله ايْعيـــــنْ..

بَنىَ علَيْة وعَدْ حَالُهْ مِنِ العِلِّيِينْ...
شَابْ شَعَرْ راَسِهْ ووَجدْ حَالُهْ.. عَسِلَّمْ الأَمِيِّينْ..

يَا بِطْلَعْ...يَا بِنزِلْ ..ويَا بِشَقْلِبْ
اللهِ ايْعينْ اللهِ ايْعينْ

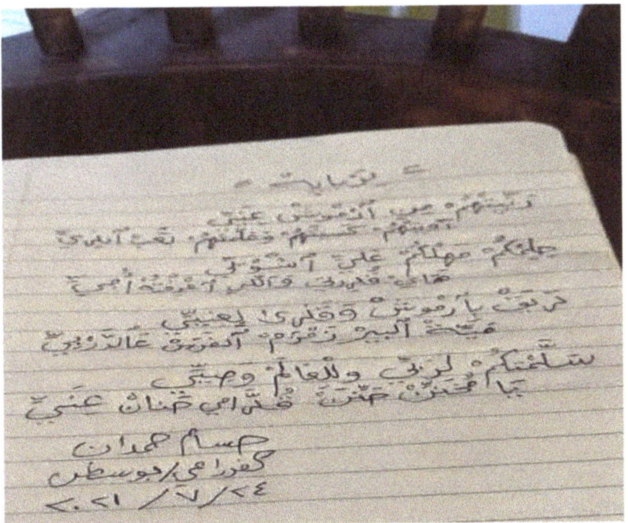

تِزبايـــــةْ

رَبِّيتهُمْ من ارْموشْ عينيْ
آويتهُمْ ...كَسيتهُمْ ...وعلَّمتهُمْ تعبْ ايدَيْ
حلمْكُمْ ...مَهلْكُمْ عليّ ..اشويْ
هَايْ قُدِرتي والَّلي اعرِفْتُهْ أمِيْ
دَبَقْ بارْموشْ وقَدنى بعنييْ
مَيّةْ البيرْزمْزَم الفَرَسْ عالدَرْبِيْ
سَلَّمْتكُمْ لربّي وللعالَمْ وصِيِيْ
يَا مُحنِّنْ حَنِّنْ قُدّامي حنانْ عنَيْ

الصُبـــار صَبــرْ..

ألواح الصَّبِرْ مَحْشُورَة حَشرْ

مُعَزَّزة بالشّوكْ للصُمودْ...والفَخْر

أصبُرْ على العَجزْ

أصبُرْ بطُولَكْ أجرْ

شُوكْ وَمَيكروب حجرْ..

أصبُرْ على الوَخزْ والضَّجرْ.

شُوكْ على اجواز الصَّبِرْ

بِطيرْ..بالفَضى...وبِهَدّي علعيونْ مُقْتَدِر

بِهْدى الشّوكْ بآخرْ العَصرْ

ما زالَ نائمٌ بالفجرْ..

يَلّهْ اختَصرْ

أُقْطُف بِسنّارَةْ الصَّبِرْ

عرفْنا الصَّبِرْ بِقَطِفْ وأكلِ...الصَّبِرْ

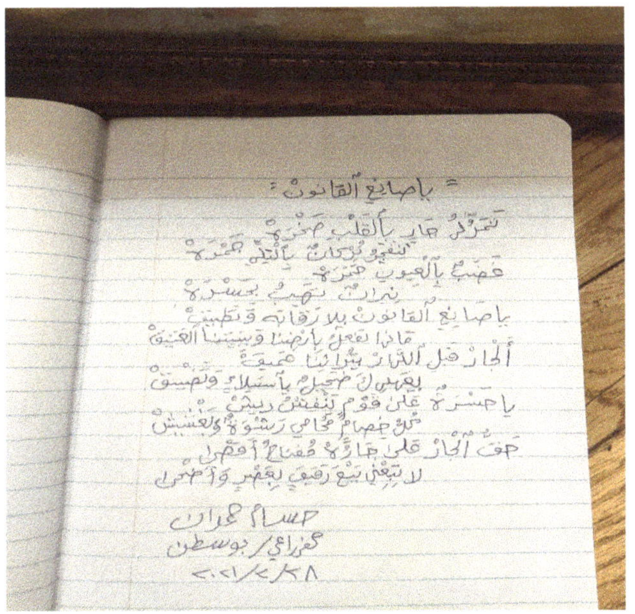

يـا صانـع القانـونْ

تَمَرُّدُ جار بِالقَلْب صَخْرَة

ينفَجِرُ بُركانٌ بِاليد جَمْرَة

غَضَبٌ بِالعيون حَمْرَة ...نيرانٌ تَهبُّ...بِحَسْرَة

يا صانِع القانونْ بِلا رقابَة وَتطبيقْ

مَاذا تفعلُ بِأرضِنا وَبِبيتِنا العَتيقْ

الْجارْ قَبِل الدَّارْ بِتُراثِنا عَميقْ

بِعهدِكَ ضَحيلٌ بِاستيلاء وَتَضْييقْ

يا حَسرةٌ عَلى قَوم يَنفشُ ريشْ..

كلُّ خِصام...مُحامي...رَشْوةٌ وَبَغْشيشْ

حَقُّ الْجارْ عَلى جارُهْ مُفتاحٌ أقْصى .. لا تَبِعْني بَيْع رَقيقٍ بِعَصْرٍ وَأَضْحى..

جُمَعَتُكُــــــمْ مُبارَكَـــــة

مِنَ السَّبْتْ لِلْخَمِيسْ...مَرَّتْ وَجَدَتْ

شُو بُوحْنا وَأَخْفَينا ...

شُو اعْمِلْنا...وَعَانِينا

شُو ارِبِحْنا ...وَخْسِرْنا

شُو بِكِينا...وَضِحكْنا ..

شُو قَضَينا وَأَجَلْنا ...

شُو نَوِينا وَحَقَّقْنا ..

بِيَومِ الجُمعَة..كُلُّ شيءٍ بِهونْ

عَزمٌ...أَمَل بِجَدارَة بِإسْبوعٍ..جَديدْ

لَكُمْ جُمعَة مُبارَكة بِعافِيَة وَعُمْرٍ مَدِيدْ..

أقــــوال من تراثنــــا

أَحْصُدْ قَمْح وغَمِّرْ مَاش...

أَحْصُدْ وُدْرِسْ لَبُطْرُسْ...

اطْلِعْنا مِن المولَدْ...بَلا حُمُّصْ

يا اسْعِري...مِرِّي..

يَمْتَدْ وَلا يَشْتَدْ....يِرِدْ وَلا يَشْرَبْ

بُويَزَة امْبويْبَزَة

«فِعْلًا أقوالٌ ساريةِ المَفعولْ بكُلِّ زَمان وَمكانْ.. افهْمْ يا فَهيمْ، تُراثُنا قَديمْ ...غَنيٌّ وَحَكيمْ»

مَصِيرُ قَــــوْمٍ

مِنَ الجُحورِ بِطَلْطَلْ... يَزْرِقُ عَلَى النَّائِمْ وَالمارِكْ

يَزْرِقُ...لِمَا يَرى، يَشْلِفُ بِلا عَرَقٍ وَمَعارِكْ

يَبينُ..مِنْ تَحْتِ الثَّرى..ما كَذّبَ الفُؤادُ ما رأى

كَلامُ العَواهِرْ ...جَواهِرْ

اسْتغلَّ...وافْترى

صَدى مِنَ الجُحورِ...نبيذٌ وَعُرى..

ثِيابٌ مُطَرَّزةٌ بِالخِداعِ سِعْرٌ...

مَصِيرُ قَومٍ مُعلَّقٌ لِلبيعِ...والشِّرَى

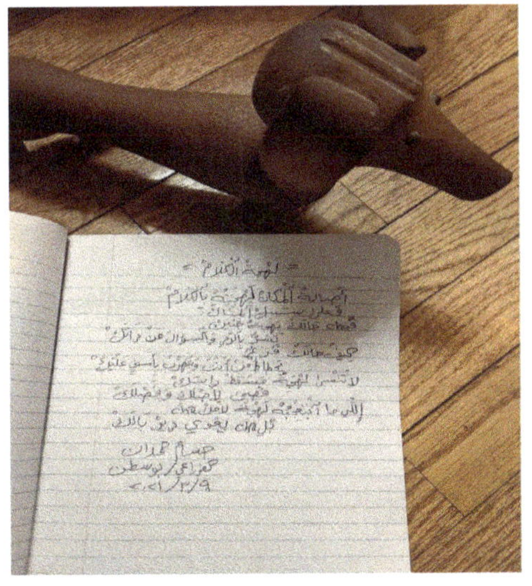

لَهْجَـــــةُ الْكَــــلَام

أَصالةُ الْمَكانْ لَهْجَتُهْ بالْكَلامْ

فَعلى سَبيلْ الْمِثالْ:

Chيفْ...حَالَكْ بَهجةُ حَنينْ

تَسُرُّ بالرَّدْ وَالسُّؤالْ عَنْ ذَاتَكْ

كيفْ حَالَكْ فَزَعٌ

يَحطاطْ...مَنْ أَنتْ وَتَهرَّبُ

بِأَسَفٍ عَلَيْكْ

لا تَنْسى لَهْجَةْ مَسقَطْ راسَكْ...

فُضى لأَصلَكْ وَفَصلَكْ

إلِّي ما ابْتِعجبُهْ لَهْجَةْ

Chلامك..

Chلب ...بِعْوي ديرْ بَالَكْ

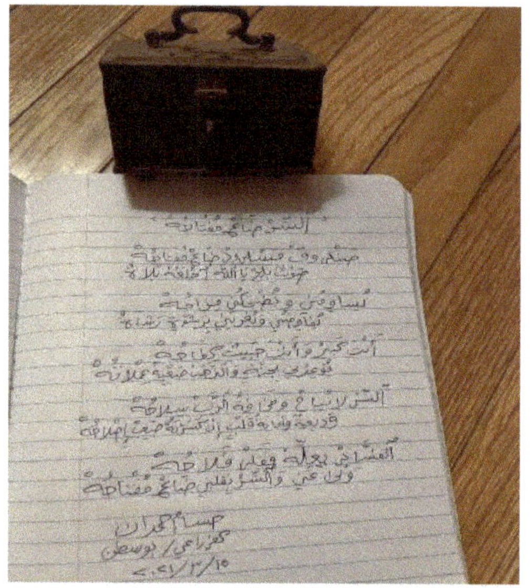

السِّــــرّ ضَــاعَ مُفْتاحُــــهْ

صَندوقْ مَسْدودْ..ضَاعَ مُفْتاحُهْ

صَوْتٌ بِلِحْ يَا اللّه اخْلَعُهْ بَلاهُ

يُساوِمْني وَيُضْحِكُني مزاحُهْ

يُفاوِضُني وَيُغْريني ...بِرَشْوة رَشاهُ..

أنْتَ كَبيرْ وأنْتَ حَبيبْ كفاحُهْ

يُوعِدُني بِجنّةْ ...والذّهَبْ صَعْبة عملاتُهْ

السِّرّ لا يُباحْ ...وَمَخافةْ ...الرّبْ سِلاحُهْ...

وَديعةٌ وأمانةُ قَلْبْ

إنْ كَسَرْتُهْ صَعْبْ إصْلاحُهْ

الفَسَادْ ...يعِلّهْ ...فَقَدْ فَلاحُهْ

وَلى عَني والسِّرّ بِقلبي ضَاعَ مُفْتاحُهْ

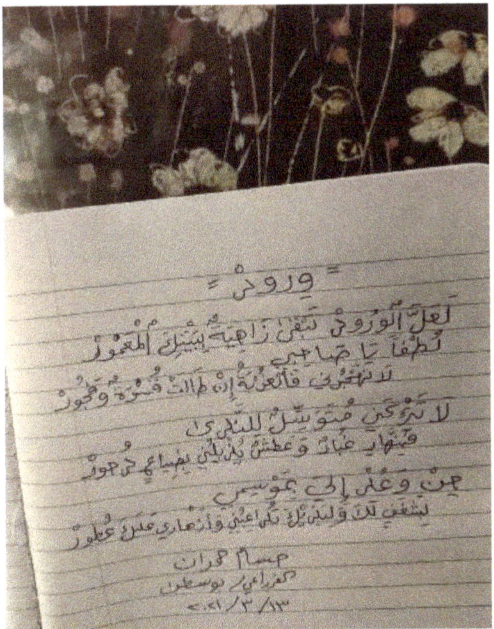

ورودْ

لَعَلَّ الوُرودْ تَبْقى زَاهِيةٌ بِبَيْتِكَ المَعمورْ..

لُطْفاً يَا صَاحِبي..

لَا تَهْجُرني فَالغُرْبَةُ إنْ طَالَتْ..قُسوَةٌ

وفُجورْ

لَا تَتْرُكَني مُتَوَسِّلٌ للنَّدى..

فَبنَّهارِ غُبارٌ وَعَطشٌ يُذبِلُني بِضياعِ دُحورْ... حِنْ وَعْدْ إِإليَّ بِمَوْسِمي

بِشَغَفٍ لَكَ وَليَدَيْكَ..تُداعِبني... وأزْهاري عَلَيكَ عُطورْ..

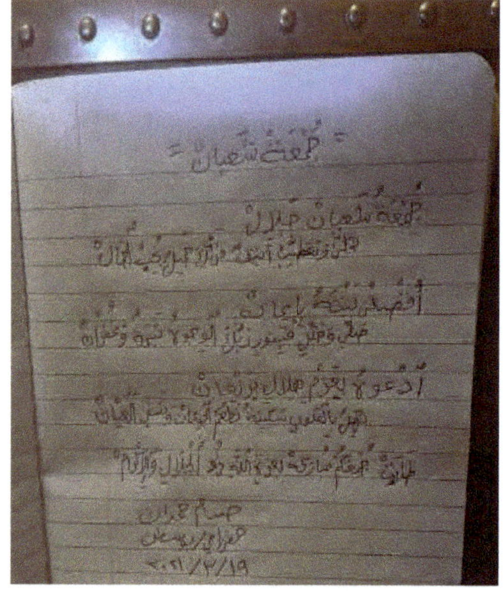

جُمْعَـــــــةُ شَعبـــانْ

جُمْعَةُ شَعبانْ جَلالْ..
تحلَّى وتطيَّبْ...أنيقُ
فَربُّكَ جَميلٌ يُحب الجَمالْ
أُقصِدْ بيتَهُ بإيمانْ
صلِّي وهلَّلْ
فَبنورِ ربُّكَ الوجوهُ بَسْمَةٌ وغُفرانْ
ادعوهُ بعزمٍ..هلالِ...بريعانْ
تَهِلُ بالقلوبِ سكينةٌ تطعمُ الجوعانْ
وتَشفي العيَّانْ..
طَابَتْ جُمعتكُمْ مُباركةْ بعزةِ اللّه ذُو الجَلالِ والإكرامْ

طَمَأْنِينَـــــهْ

حُبٌّ زَيَّنَ الْقَلْبْ بِتِسْعَةَ وَتِسْعين زِينَهْ
سَكَنَ إلى الأَحْضانْ واسْتأنسَ به طمئنينَهْ
ألا بِذكر الله تَطْمَئِنُّ الْقُلوب
نَعَمْ يا قَلْب، مَحظوظٌ..بِهُدى الرَّبْ
تَعْرِفُ السَّلامْ ..وَتَنامُ
شِفّهْ عَلى شِفّهْ

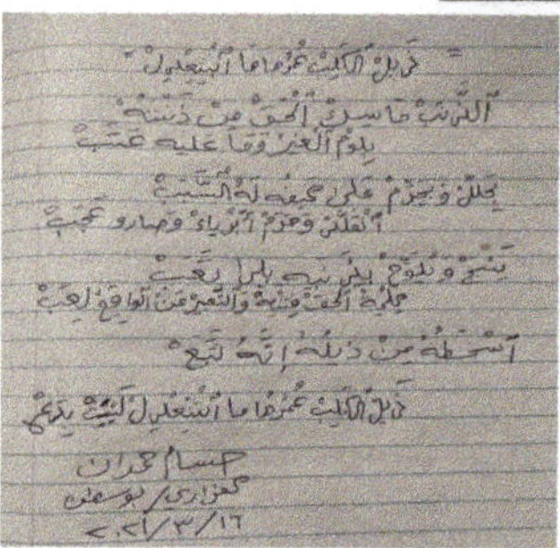

ذَيْل الكَلِب عُمُرها مَا ابْتِنعْدِل

الذَّنَب مَاسِكْ...الحَقْ مِنْ ذَنْبَتُهْ

بلومْ...الغِيرْ وَمَا عليه عَتَبْ..

بحَلِّلْ وبِحرِّمْ على كيفِه لَهُ السَّبَبْ

اتْقلَّد وَحرَّمْ أبْرِياء وَصارو عَجَبْ..

يَنْبح وَيُلَوّحْ بِذَنْبِه بلا تَعَبْ

كِلِمة الحَقْ ..فِتْنهْ...والتَّعبِيرعَنْ الواقِعْ لَعَبْ

اسْخَطه مِنْ ذيلُهْ إنَّهُ تَبَعْ

ذَيلُ الكَلِبْ عُمْرُها ما ابْتِنعْدِلْ لَيْسَتْ بِدَعْ

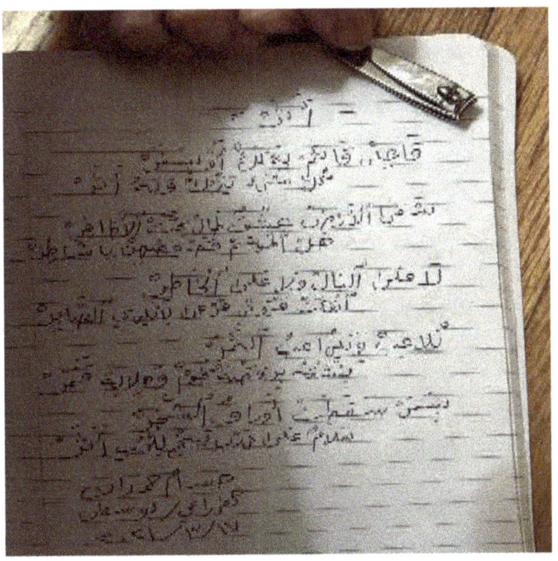

أَثَــر

قَاعِدْ قَائِمْ بِعَمَلَكْ أَوْ بِسَفَرْ

كُلُّ شَيْءٍ يَتْرُكْ وَلَهُ أَثَرْ

شَقَى الأَرْضِ عِشْقٌ طَالْ تحتْ الأَظَافِرْ

هَلْ المَوْسَمْ قَصْقَصْهِنْ يَا شَاطِرْ

لَا عَلَى البَالْ وَلَا عَلَى الخَاطِرْ

انْفَكَّتْ قُيُودْ مَرحى لأَيدي الصَّابِرْ

يُلَاعِبْ وَيُدَاعِبْ الثَّمَرْ

يَنْشُقُهُ بِرَقْصَةْ نجومْ وَهِلَالَهْ قَمَرْ

بِسَمَرْ...سَقَطَتْ أَوراقُ الشَّجَرْ

سَلَامٌ عَلَى دَرْبٍ يَبِيحُ للْحُبِّ...أَثَرْ

يا رَبّ بِالجُمْعَـة

يا رَبّ
اشْرَحْ صُدُورْ النَّاسِ لِلحُبّ والسَّلامْ
جميعًا بِكُلّ مَكانٍ وَمَجالْ
أُحْلُلْ العُقَدْ بِألسِنَتِهِمْ لِقَوْلِ..الحَقّ لِزامْ
حُرِّيَّةْ التَّعبيرْ لِكُلّ حائِل وَجَوّالْ
إِسْنِدهُمْ بِمَنْ يَشُدّ أزرَهُمْ لِلْخيرِ قِيامْ
احميهِمْ مِنْ كُلّ ظالِمٍ وَدَجّالْ
أكرِمْهُمْ الخُشوعْ بِجُمعةٍ مُبارَكَةٍ اسْتِقامْ
الظَّنُّ..والرَّيْبُ فِيها مُحالْ..

زَرِعْ

يَفِ نَاسْ إذَا زَرَعْتها ابْتِزْرَعَكْ
ويَفِ نَاسْ إذَا زَرَعْتها ابْتِقْلَعَكْ
بَيْن الصَّلاحَهْ والطَّلاحَهْ .. فَلاحَهْ
اخْتارْ الزَّرعْ .. للارْضْ مَحْصولُه رباحَهْ
مَصيرُ فَلسطينِي زَرَعَ ..فَاقْتُلَعْ
بِالمَهْجَرْ .. وَبِمُخَيَّمْ بِلا دَرِعْ

صِدْرُكَ

كُلْ شَخْصٍ لَهُ صَدِرْ ...
يَخْتَلِفْ مِنْ ذِهِنْ لِذِهِنْ حَسَبْ اللَّحْظَةِ وِالعَصِرْ
مَا نَضَعْ ونُخْرِجْ مِن الصَّدِرْ
يا بِزَلْزِلْ كِيانْ ويا بِفْلِقْ صَخِرْ
إيدَكْ على صِدْرَكْ كَلامُ اللهِ ذِخِرْ
بِشَرْحِ الصَّدِرِ يُرْفَعُ ...الإِزِرْ

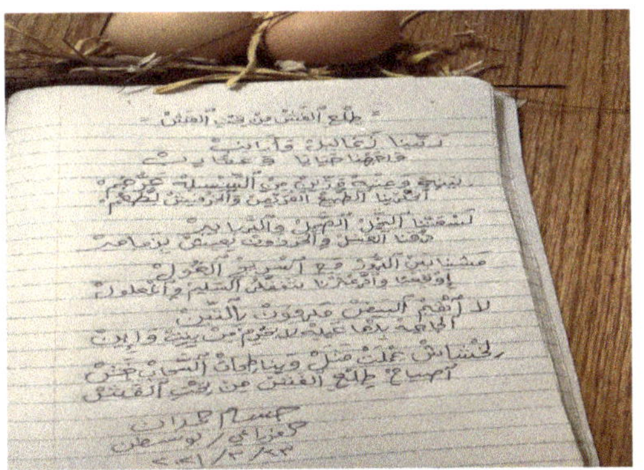

طِلع الفَشْ مِنْ تِحْت القَشْ..

رَبّينا...زغاليلْ وأرانِبْ ...

واجهْنا حَيايا وعَقارِبْ

تينهْ وعنبهْ مَدّينْ مِن السّنسلهْ عَرُجِمْ ..

اتْحدّينا الطّبيعْ...القُرّيصْ والخُرفيشْ ...لطُعْمْ ...

لَسعَتْنا النّحلْ.. الصّمْلْ والدّبابيرْ

ذُقْنا العَسَلْ والحَرذونْ بعيشْ بِزَماميرْ

مَشينا بَينْ الدّورْ مَع اسريجْ..الغُولْ..

إوْقعْنا وادّعثرْنا نتفقّدُ السّليمْ والمعلولْ

لا انْقيمْ البَيضْ مَدفونْ...بالتّبْنْ

الجاجهْ بْدها عَيلهْ...لا تحرمْ مِنْ بِنتْ .....وابِنْ

لِخْشاشْ عمِلَتْ مَثَلْ ...وبِناطحاتْ السّحابْ خَشْ

اصياحْ... طِلع الفَشْ مِنْ تِحْت القَشْ

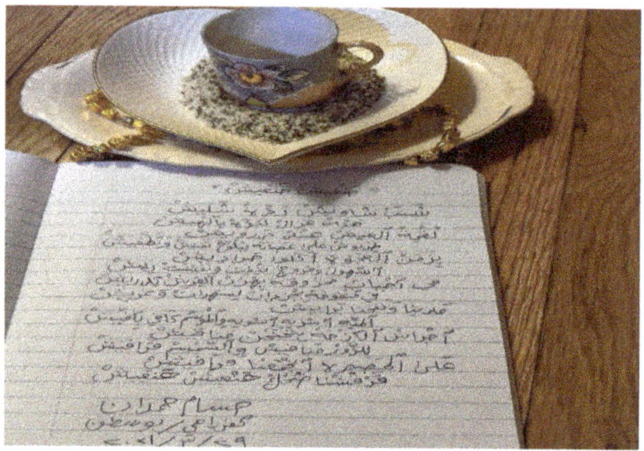

حَنْعِيـــشْ ...حَنْعِيـــشْ

شَنَبْ شَاوِيشْ...رَدَّةْ شَلِيشْ...

هَبَّةْ غَزَالْ لَبُؤَهْ بِالْهِيشْ

لُقْمَةْ العِيشْ عِنْدْ دَرْوِيشْ

طَرْبُوشْ عَلَى عَصَاتُه بِيلوِّحْ

تَفْتِيشْ وَتَطْفِيشْ

بِزَمَنْ العَجْوِهْ...أَكَلوا حَرَادِيشْ

اسْهولْ ومُروجْ نُتْفَتْ وَنَفَشَتْ رِيشْ

فِي اجْيَابْ مَخْزُوقَهْ بِهُرُبْ..القِرشْ تِدْرِيشْ...

فِي مَنْفوخَهْ بِجُزْدَانْ لِسَهرَاتْ وَعَرِيشْ

مَدِينَا وَنَفَحْنَا بَرَابِيشْ

المِيَّه اشْوِيَهْ اشْوِيَهْ .. والمُوسِم كَايِفِ...بِكَفِّيشْ

اجْرَاسْ...الكَزْحَهْ...بِتْحَنْحِنْ مَنَاقِيشْ

لِلزُّورْ.. مَنَافِيسْ والسِّمْسِمْ...قَرَاقِيشْ عَلَى الحَصِيرِهْ...اتْجَمَعْنَا

فَرَافِيشْ...قَرْقَشْنَا ضُحُكْ

حَنْعِيشْ ...حَنْعِيشْ ....

مُبـــارَكْ يَمَّـــهْ

الْهِيشْ حَنى...هَامُهْ...وَردَّدْ...أَنْغامُهْ
رَأى الشَّقِيَّةُ قُدَّامُهْ وَبأحْضانُهْ...
إِديها ابْتُلْقِفْ لَقِفْ..
إِجريها...ابْتُركُضْ...رَكُضْ
بالنَّدى...بالْغَدى وَبالعَشى....
عَرَفَ عَرقُكْ بالْوَفى ولسَّخى
يَا أُمّ شِفيَّهْ أنَا الْهيشْ...بدونكْ لاَ أَعيشْ
بِيومِكْ أَحْتِفِل...وَطَاعتي لأَقْدامِكْ بْغَشيشْ
عيدْ أُمّ مُبارك يمَّهْ

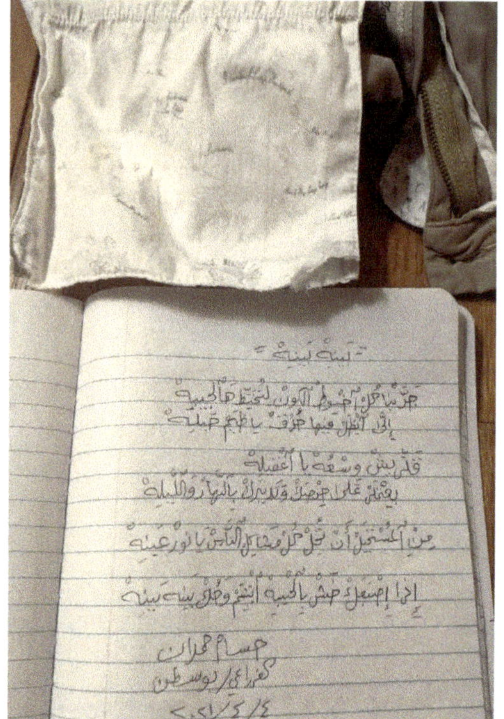

بَيْنِـــــهْ بَيْنِـــهْ

جَرَّبْنا كُلْ اخْيوطْ الكَوْنْ لِنُخَيِّطْ هَالجِيبِهْ

إِلَى ايْظَلْ فيها خُرْقْ يا ظَلِيمْ حَيْلِهْ

قَدِّيشْ وِسْعِهْ يا اعْقيلِهْ

بِعْتَمِدْ عَلى حِرْصَكْ وَتَدْبيرَكْ بِالنَّهارْ واللَّيْلِهْ

مِنْ المُسْتَحيلْ أَنْ تُحِلْ كُلْ مَشاكِلْ النّاسْ يا نورْ عَيْنِهْ

إِذا إِصْبَعَكْ خَشْ بِالجِيبِهْ ابْتَسِمْ

وَحُكْ بَيْنِهْ بَيْنِهْ

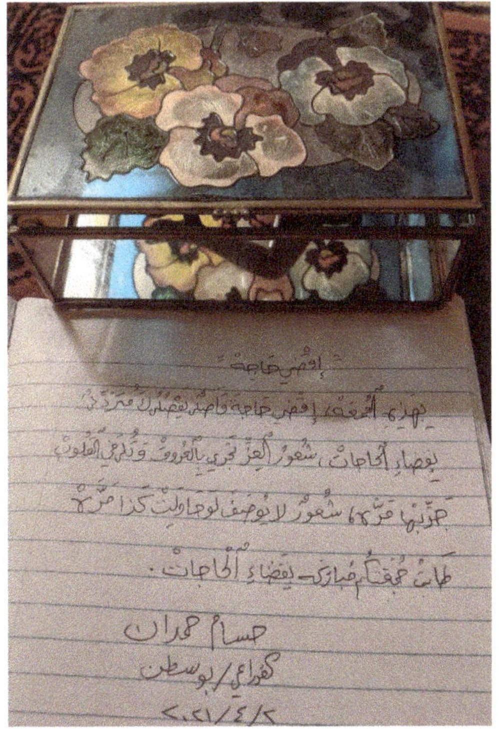

إقْضِـي حَاجِـهْ

بِهَذِه الجُمعَهْ إقْضِي حَاجَة قَاصِدْ يَقْصُدُكَ مُتَرَدِّدْ
بِقَضَاءِ الحَاجَاتْ شُعور العِزِّ يَجري بِالعُروقْ وَتُلَـيِّ القُلوبْ
جَربْها مَرَّة، شُعورٌ لا يُوصَفْ لَو حَاوَلْتْ كَذا مَرَّةْ
طَابتْ جُمْعَتُكم مُبارَكة بِقَضَاءِ الْحَاجَاتْ

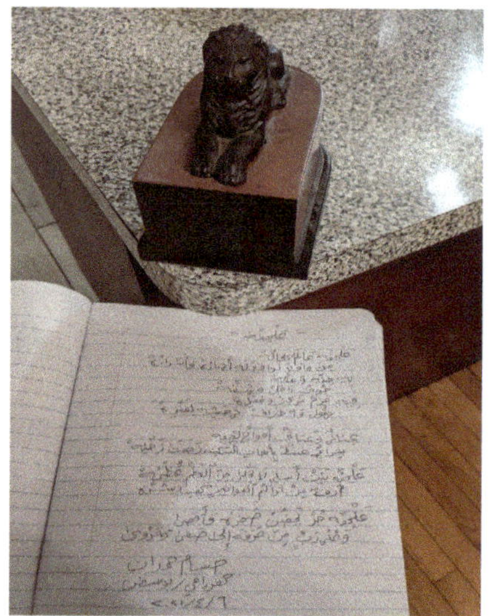

عَلْحفِّــــــــــــه....

عَلْحفّه...عَالَمٌ بِحالُهْ

مِنْ وَاقِعْ... لِوَاقِعْ...لَه أدبارُهْ...وَأَسْرارُهْ

بِهِ خِفّهْ وَعفّهْ ..

خُوفٌ أَقلْ وَشِفّهْ

فِيهِ عَزمْ...تركيزْ وَحفْزَهْ

ذُهول وَاخْتِراقْ دَهْشَه لِقَفْزِهْ

عِنادٌ وَعِناقْ أمواجْ لَهْفه..

شِراعٌ عَشطْ...بِأهات السَّكِينة زَحَفَتْ زَحْفهْ

عَلْحفّه بَيتُ أسد لا يَخْلى مِنَ العظمْ عَظْمهْ

أَرقُّ مِنْ تَراكُم الفواتير كفينا شرهْ...

عَلْحفّه...حُرٌّ يحضُنُ صَخْرَه وأَقصى

وعْدُ ربٍّ مِنْ عَرَفَه إلى صَفى وَمَرْوى

عَقْـدُنا قَديــمٌ وَكَريــمٌ..

حَشِينا...وَنَجَّدْنا المُسنَدْ بِقَصَبْ قَمْحْ وَشَعِير

سَنَدٌ لِعِجافِ الظَّهرِ مِنْ وَخْزِ الحِيرة وَتَقْرِيرُ مَصِير

حَشِينا المِخَدّه بِريشْ الحَمامْ

لِنَعْرِفُ...مَودّه حَدّكْ حَدِّي نَحلَمُ..بِسَلامْ

بِريشةُ رُشْد حَنايا وَزَوايا كَلِماتُ رَشادْ

حَجرٍ نُقوشٌ بَيتُ الرَّاشدَ رَشِيدٌ

لِرُشدِ رَشادْ... يا طاووسُ خَلِّيك بِريشكَ لِلْكِيانْ..مَقامْ

تَتَمخْتَرُ عَبايا بَعيونٍ وألْوانْ وَعلينا دُيوسُ دِخامْ

عَقْدُنا ما زالَ قَديمٌ وكريمْ

الرَّاوِيه عَالْية وَالسَّلَمْ بِروحْ مِنْ زَاوِيه لَزَاوِيهْ

جَواعِدْ وافراشْ وَكانونْ انْحاسْ

تُراثُنا بِحيِّي الضَّيفْ...وِالغَدِرْ نِعْرِفُه..اجناسْ..

اقْريـــذ العِــــش

يَا قُرَّةْ اعيونْ إمَّكْ وَبوكْ

يا غِيرة...أُخْتكْ..وأخوكْ

ادَّلَّتْ اصغِيرْ بِحنَانْ اجرارْ

لِتحْمِي..الدَّارْ...وترعاهُمْ بِزَمِنِ اكْبارْ

اكْبِرتْ واتْعلَّمتْ مَا جَرى...شُو صَارْ

هَجَرْتِ الدَّارْ وَهَجِّيتْ بِليلْ.. مَهو بِنْهارْ

اللِّي مَا بِحْسِبْ احسَابُه حَياتُه اقمَارْ

هَدَّارْ الزَّمَنْ غَدَّارْ ..عَينَكْ عَتْبِة الدَّارْ

اقْريد العِشْ يا بِهشْ وَبِنشْ

يَا بِقْلَعْ شَجَرْ وهِدّ....العِشْ

ابْـدَأ الصِّـيَـامْ

بِهذه الجُمعه ادْعوا اللّهَ أَنْ يُهَيِّئكُم
لِرَمَضانْ الَّذي أُنْزِلَ فيه القُرآن
ابْدؤا صِيامَكُم بِقراءة أَوّلْ سُورة نزَلَتْ
عَلى الرَّسولْ سَيِّدنا مُحمَّد صلَّى الله عليه وَسَلَّمْ
لَعَلَّكُم تَشعُرونْ بِما شَعَرَ الرَّسولْ لِأَوّلِ مَرَّةْ
بِالتوفيق والهِدايه إن شاء اللّه، جمعه مباركة

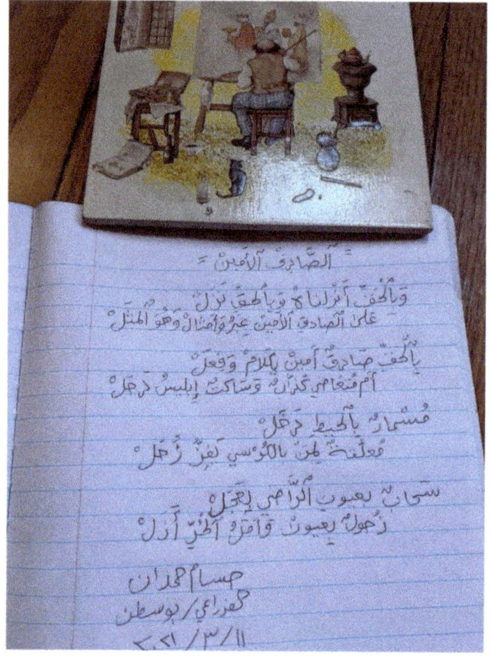

الصَّادِقُ الأَمِيـــنْ

وَبِالحَقِّ أَنْزَلْنَاهُ ..وَبِالحَقِّ نَزَلْ
عَلَى الصَّادِقِ الأَمِينْ عِبَرٌ وَأَمْثَالٌ وَهُوَ المَثَلْ
بِالْحَقِّ صَادِقٌ أَمِينْ بِكَلَامْ وَفِعِلْ
أَم مُتَغَاضِي كَذَّابْ وَسَاكِتْ إِبليسٌ رَحَلْ..

مُسْمَارٌ ..بِالحِيط دَخَلْ
مُعَلَّقَةٌ لِمَنْ بِالكُرْسِي يَفِزُّ زُحَلْ
سَحَابٌ بِعُيونِ الرَّاضِي بِعَجَلْ..
زُحُولٌ بِعُيونٌ وَأَمَلُ الحُرِّ أَزَلْ

كَيــل طَفَــــح

حِبرٌ عَلى وَرَقْ بَينْ إيديَّه مَصيوعٌ بِلَبَقْ
قَرَأْتُه بالخَريفْ الخَيبِه دَبَقْ
رَكَضتْ بِطيارِة وَرَقْ طارَتْ لِلْأُفَقْ
قَرَأْتُه بالشِّتاءْ الوَحْوَحِه زَمَقْ
نارٌ بالوَرَقْ ادَّفيتْ بِشَرار القَلَقْ..
قَرَأْتُه بالرَّبيعْ الرُّوتينْ زَهَقْ
لَفَّةْ...وَرَقْ تَحْتْ راسي بِهم دَفَقْ
قَرَأْتُه بالصيفْ الغَيظْ...عَرَقْ..
هَوايَةْ وَرَقْ تَهُفْ عَوجِه الأَرَقْ
عَشبرميَّهْ..لا نَطيشْ
حِبرَك عَلوَرَقْ خُفّاشْ خَفيشْ
انْقَع قُيودَك وَشُروطَك بِكيلَك...طَفَحْ
سَنِكْتُبْ وَتَقروؤا مِنّا وَعَنّا بِقُرونٍ نَطَحْ

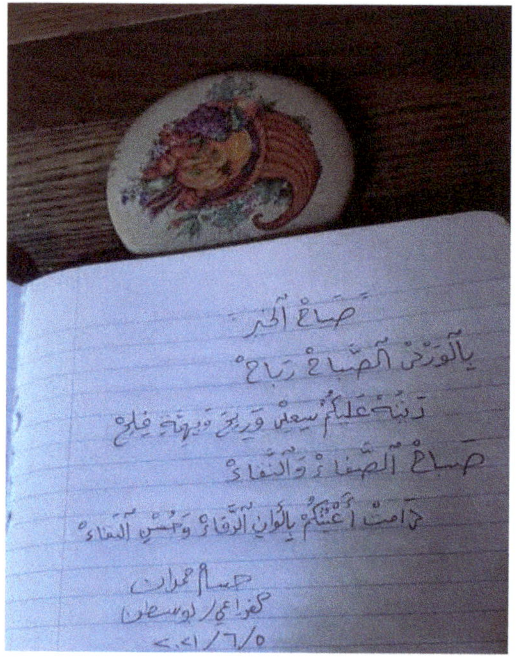

صَبـــاح الخيـــر

بالوَرْد الصَّباحْ رَباحْ
رِيتُهْ عَليكُمْ سعدْ...وَرِبحْ وَبِهمَّة فِلحْ
صَباحْ الصَّفَاءْ وَالنَّقَاءْ..
دَامتْ أَعيُنُكُمْ بِألوانِ الرُّقاءْ وَحُسْنِ البَقاءْ

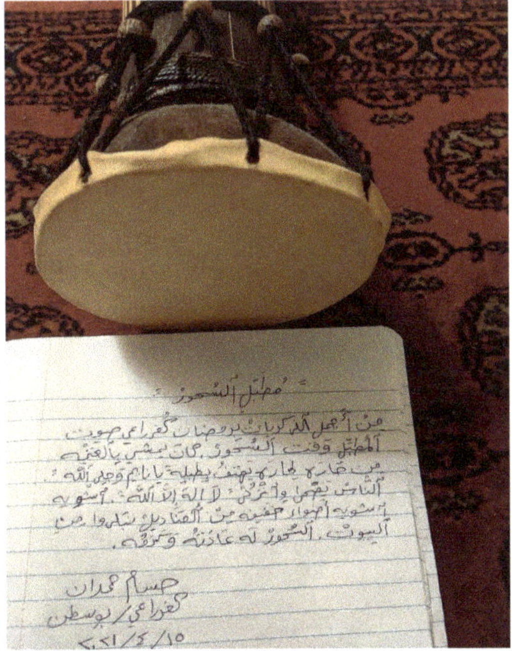

مُطَبِّـــل السُّحـــورْ

مِنْ أَجمل الذكرياتْ بِرمضان كُفر راعي صوت
المُطبِّل وَقت السُحورْ كانَ يمشي بالعَتمه
من حَارَة لحَارَة يَهتفُ بِطبلة يا نايم وَحِّدْ الله
النَّاسْ تِصحى واتْرُدْ «لَا إلهَ إلّا اللّه» اشويه
اشويه أضواء خفيفه من القناديلْ نَبدوا...
مِنَ البيوتْ السُحورْ لَه عَادَته وَكَرَمُه

نِيَّاتكُمْ

مَوجودْ علاَقة نسبيِّه مُتبادَله بَينْ
رزقْ اللّه عَلى عَبْدهِ ونيَّةْ العَبْدْ نَفْسُه
الخيرْالحُبّ الوِدّ الحَنانْ العَطف الشَفَقْ
يحث ويزيد نسبة صفاء النيه...ويجذب
مقدار رزق اللّه على صاحب النيه..
بِهذه...الجُمعه.. أتمنْى لَكُم صَفاءُ نِيَّهْ...ف
عَلى نيَّاتكُم تُرزَقونْ

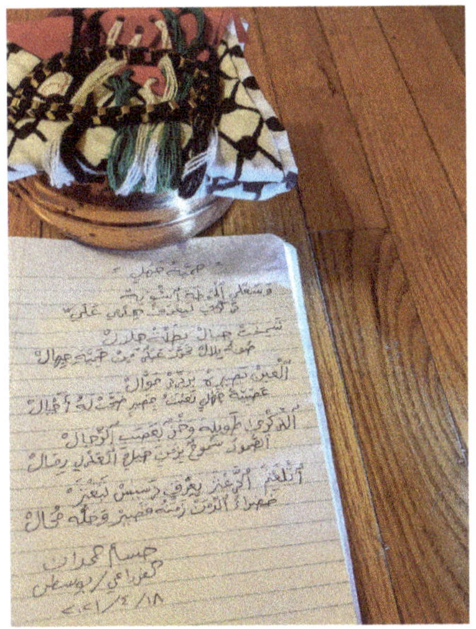

حَمِيَّــةُ جَهْـــلٍ

وَسِّعْلي الحُوطهْ اشْوَيهْ
ذَكُّرْني لِيَعْرَق هدْمي عَلَيّ
شَمخَتْ جبالْ بطلَّةْ...هلالْ..
صَوتُه بلالْ تَحرّر عَبدٌ من حَميَّة جِهالْ
العينْ بصيرةْ...بردِّدْ موالْ
عَصبيَّةُ جَهلٍ تَعبَثُ...بمصيرٍضحَّتْ لهُ أُجيالْ..
الذِّكرى طويلة وخزٌّ بعَصبِ الرِّجالْ
الصُّمودُ...شُموخٌ بزمنٍ حيلُ العَدلِ رمالْ
اتْلعثَم ادعَثَر بعرقٍ دسيسٍ تَبعْثُرْ
خَضراءُ الدِّمنِ...زَمنُهُ قصيرٌ وحلُّهُ مُحالْ

بِالظُّلـــمِ رَدَّدَت

مَرَّاتٍ وَمَرَّاتٍ فلِسْطينْ بِالظُّلمِ رَدَّدتْ

ظَرَبَتني وبَكَتْ سَبقَتني واشتَكَتْ

عرْني عَصاتُكَ يا مُوسى

لأَهُشَّ عَلى الصَّمتِ بقومكَ...وقَومِ مُحمَّدْ وعيسى

أحبالُ المَكرِ والتَّطبيعْ أفاعٍ جَرَتْ

العَصاةُ ثُعبانٌ يَلقُطْ...مَا يدُ الظُّلمِ رَمَتْ

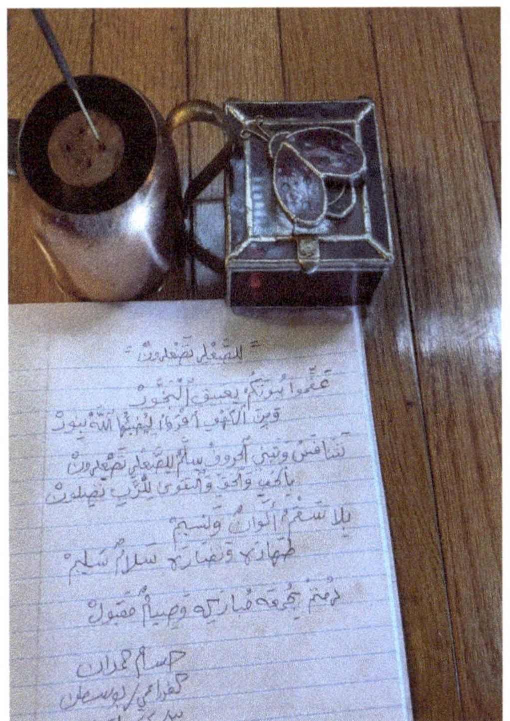

للصّــعـــدِ تَصعَــدِونْ

عَقِّموا بُيوتكُمْ بعَبِيق البخُورْ

ومنَ الكَهفِ اقرؤُوا ليضيئُها اللّه بِنورْ..

تتَنافسُ وتَبني الحروفُ سلَّمٌ للصَّعد تَصعَدونْ

بالحُبِّ والحقِّ والتَّقوى للرَّبِّ تَصلونْ

بِلا سَقمٌ ألوانْ ونسيمْ

طهارَة ونَضارَة سَلامٌ سليمْ

دُمتمْ بجُمعه مُباركة وصِيامٌ مَقبولْ

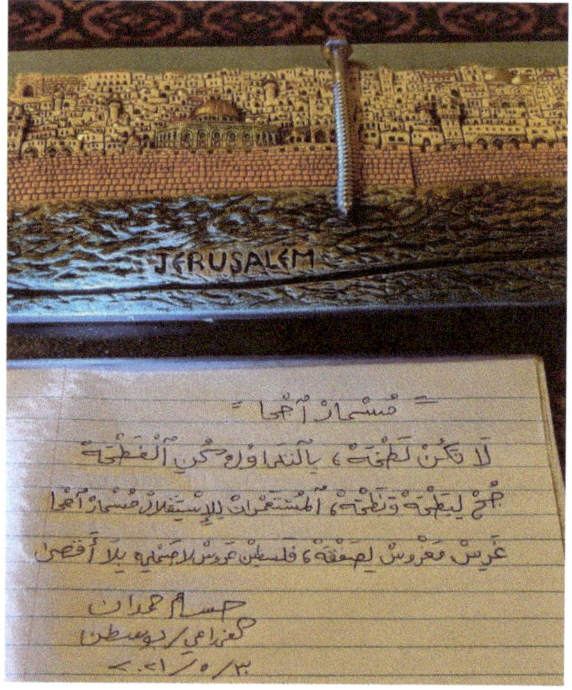

مُسْمِــارٌ اجْحا

لا تَكُنْ لَطْخَهْ بِالتداوُلْ كُنِ الفَطْحَهْ

جُحْ لِبَطْحَهْ ويَظْحَهْ المُسْتَعمِرانْ للاسْتِقلالْ مُسمارْ اجْحا

غَرِسْ مَغروسْ لِصَفْقَهْ، فلَسطينْ عَروسْ لا صَمِدة بِلا أقصى

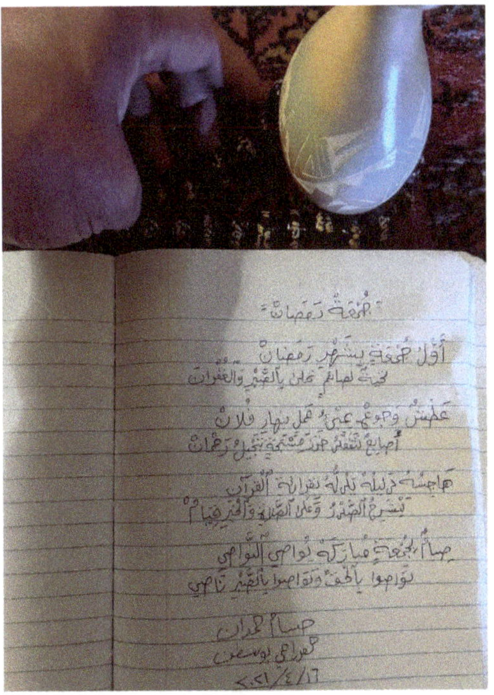

جُمْعَـــــــةُ رَمَضــــانْ

أوَّلُ جُمعةٍ بشَهرِ رَمَضانْ

تحيةٌ لصائمٍ تحلى بالصّبرِ والغُفرانْ

عطشٌ...وَجوعٌ عبئُ عَملٍ بنهارِ فُلانْ

أصابعٌ تتتفقَّدُ خرزَ مِسْبَحةٍ تَبجيلُ رَحمانْ

هَاجسُهُ..دَليلهُ يدُلُّهُ بقرائةِ القرآنْ

ينشَرحُ الصّدرُ وعلى الصّلاةِ والخيرِقيامْ

صيامٌ بجُمعةٍ مُباركةٍ يُواصِي النّواصِي

تَواصوا بالحقِّ وتَواصوا بالصّبرِ نَاصِي

مَـــاذَا لِماذى

تَشابَكتْ أغصانٌ لِيَعلو الشَّجرْ
هَبَّتْ رِياحٌ تَسلَّل ضوءٌ عَأرضِ الوَطنْ
خَيبةُ عَهدٍ تَجسَّمتْ بِلَمحِ البَصَرْ
دَمُ ثائرٍ لا يُبالي بِالعُروقِ انتشَرْ
شُعلةُ تُراوِدُ النَّعاسَ صَاحي يا بَشَرْ
نَووي بِخَلوي لا شلَّتْ يا غَجَرْ

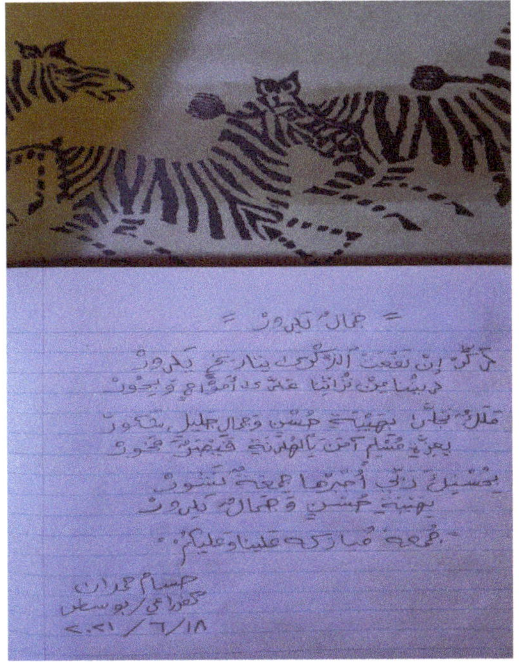

جَمـــالٌ يَـــدورْ

ذَكّرْ إنْ نَفعَتْ الذِّكرى بِتاريخٍ يَدورْ
دينُنا مِن تُراثِنا عَدَّى أموْاجٍ وبحُورْ
مَلَكٌ تجلَّى بِهَيْبَة حُسْنٍ وجمالٍ جَليلٍ شَكورْ
بعِزَّةِ مُسلِمٍ آمَنَ بالهُدنةِ قَيصرُ فخورْ
بِحُسنكَ ربّي ا جْبرها جمعةٌ تَشورْ
بِهيبةِ حُسْنٍ وجَمالٌ يَدورْ
جُمعه مُباركه علينا وعليكُمْ .

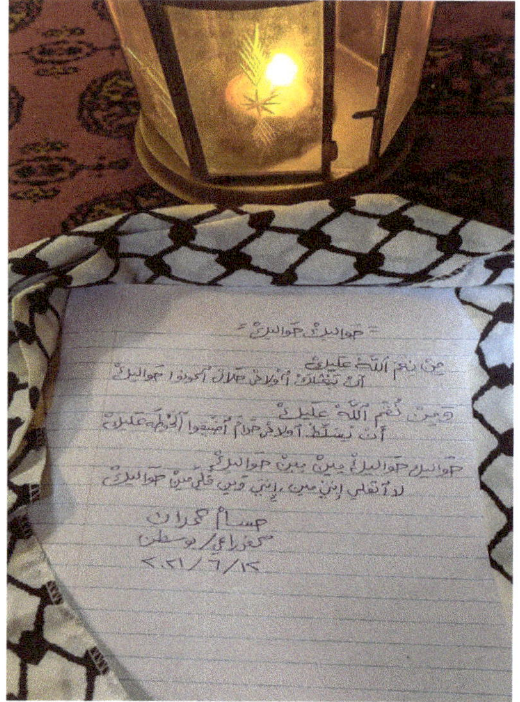

حَوَاليـــكْ حَوَاليـــكْ

مِنْ نِعَمْ اللّه عَليكْ

أنْ يبعثلَكْ اولادْ حَلالْ يكونوا حَواليكْ

ومِنْ نُقَم اللّه عَليكْ

أنْ يسلِّطْ اولادْ حَرامْ اضيقوا الحُوطه عَليكْ

حَواليكْ حَواليكْ مِينْ مِينْ حَواليكْ

لا اتقلي أنت مِين وِين قَلْبي...مِينْ حَواليكْ

مِـــدَّاد

طِلِعْ واتْشَعْبَطْ مِدَّادْ
اتْشَعَّبْ بِعيونْ عَكْتافَكْ يا ابْلادْ...
اتْعَلَّى واتْحَلَّى بِأنْسِجتَكْ سِجَّادْ
حَنايا الظُّهر ابْتِستنَى بطَلَّةَ أَمْجادْ
مياهٌ تُلاطِمُ السَّدْ للهَدِّ
سَفينةٌ تبرُزْ وتُبحِرْ بِهِمْ أوْغادْ

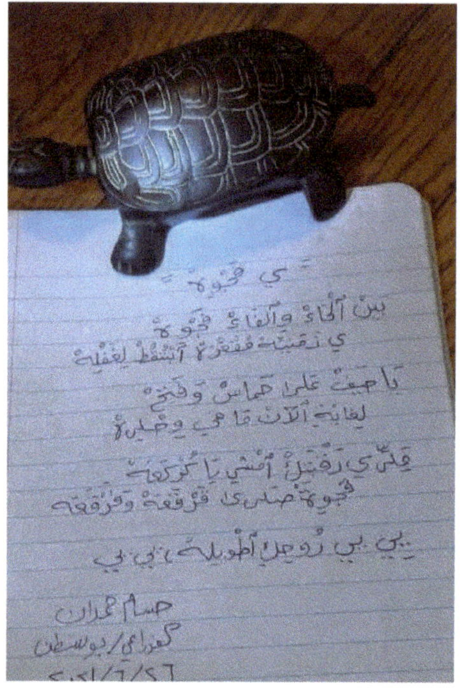

ي فَجْـــوةِ

بَيْن الحَاءْ والفَاءْ ...فَجوهْ
ي زَمنيّة مُقعَّرةْ ابتُنقُطْ لغفْلهْ..
يَا حِيفْ عَلى حَماسْ وفَتْح
لغاية الآنْ مَا يِّ وحْدهْ
مِدّي رَقْبَتكْ امْشِي يَا كُرْكَعهْ
فَجوة صَدى قَرْقَعهْ وفَرْقعهْ
بِي بِي رُوحِكْ اطْويلهْ، بِي بِي

مينْ امْكَيِّـــلْ بصاعـــك

فَخْرَكْ وكبْريائكْ اخْزوقْ بفُخّار صَاعَكْ
بزيد الطّينْ بلّهْ بسَخْطْ عصيانك
غَشيمْ الحُرِّيهْ والاسْتقلالْ هَدِّي أَعْصابَكْ
مَا حدْ امكيّلْ بِصاعَكْ

بِعِبُّـــه..

هَفَّةْ طَمِعْ بِعَقْلُه
عدَّادْ الأرقامْ بِعِدْ للرِّقمْ بذِهنُه
فارْ بِلعبْ بِعِبّه
بِدُّه يِسْرِقْ وِخون حبيب بِحبُّه
زلَّةُ نَفس العُذر حَسبُه
طليقٌ بالزَّوايا والثِّقة اعتادتْ عنْبْحُه..

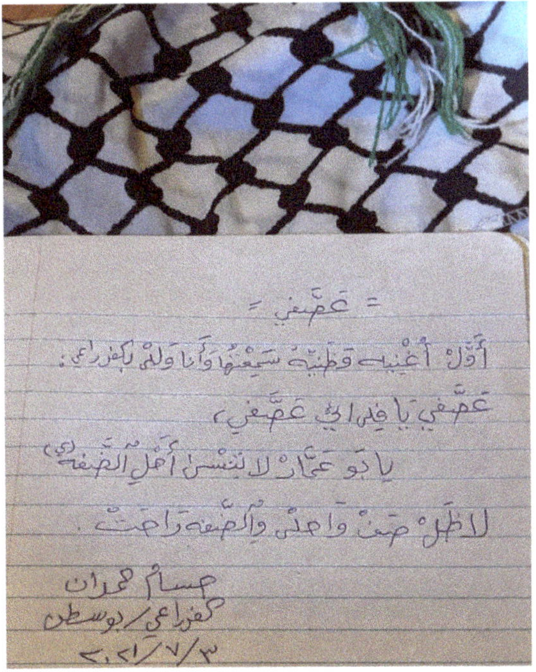

عَصَّفي

أوَّلْ أُغنيه وَطنيّه سَمعتُها وأنا وَلَدْ بكفر راعي.....
عَصَّفي يا فِدائي عَصَّفي

يا بو عَمَّــارْ لا تنْسى أهْلِ الضّفه

لا ظَلْ صَفْ وَاحِدْ والضّفه رَاحتْ

تَشَــدُّق

بِلولحْ بذيلهُ وَيَسكُبُ عَرَقًا..
بِذْيالهُ وَدُقَتْ تَدُقُّ وَدَقًا
نَهِيقُ حِمارْ تَشَدَّقَ أَسَفًا
بهذهِ الجُمعهِ يا ربْ أكْرِمنا بصوتٍ يجلِبُ الالفَه والمَحبَّة

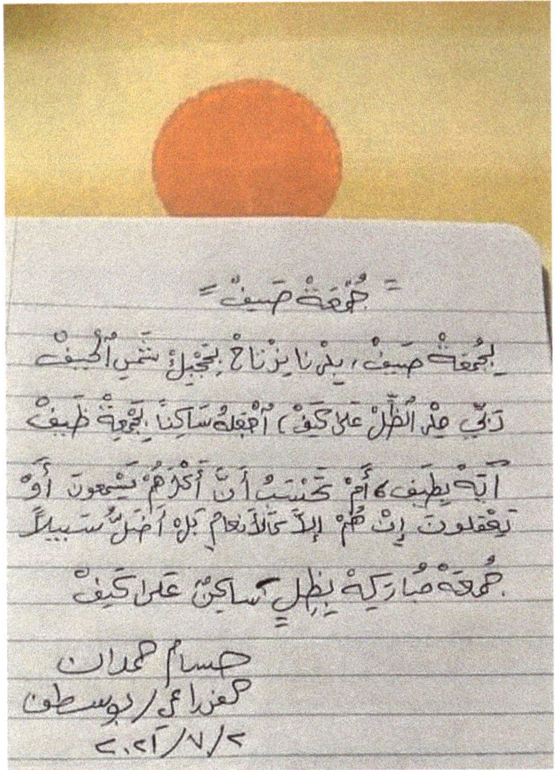

جُمْعَـــةٌ صَيـــفْ

بِجمعةُ صيفْ بِدْنا نرْتاح بِحَجبِكْ شمسِ الحيفْ
ربِّي مدَّ الظّلِ على كَيفْ، اجْعلهُ ساكناً بِجمعةْ ظَليفْ..
آيةٌ بطَيفْ، أمْ تحسبُ أنَّ أكْثرهُمْ يَسمعونَ أو
يَعقلونَ إنْ هم إلا كالأنعام بَل أضلُّ سَبيلاً
جُمعهْ مُباركةْ بِظلِ ساكنْ عَلى كَيفْ

بِالعَـــزْوَة

في عين بِتلوَّحْ ذَيلْ وبِتهدِّ الحيلْ
وَفي عَينْ بتجيبْ الغَيم وبِتسَبِّحْ لَيلْ
زَخَّة مَطرْ ...يا لَيلْ يَا عَينْ

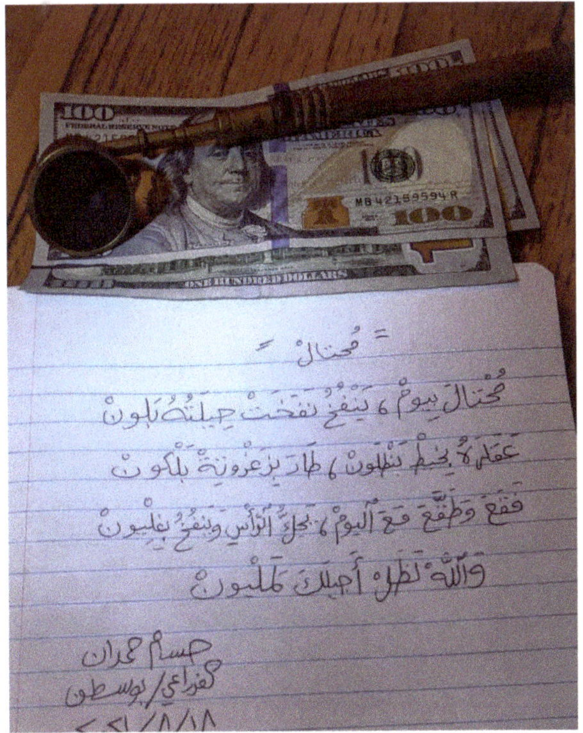

مُحتــــال

مُحتالَ بِيوْم يَنفخُ ..نَفَخْتْ حِيلتُهُ ..بلوّنْ
عَقده بخَيْطْ بَنطلونْ طَارَ بِزغروتةْ بَلكونْ
فَقَعْ وَطقَّعَ مَع اليوْم يَحكُ الرَّأسِ وينفخْ بِغْلِيونْ
واللّه لَظَلّ أجيلَك لَّلِيونْ

أَسْـــرَارٌ بِـــدْوَارَه

مِنْ رُكبَةُ احْمَارَهْ لَطَيَّارَهْ
عَلى أَصْلُهْ وَخَصلُهْ عَتيدْ يَشنُّ غَارَهْ
رَسَنْ لِحمَارَهْ أَخَذُهْ مِن زَقازيقْ الحَارَهْ لَغَارَهْ
حِزامُ الطَّيارَة أَخَذَهُ مِن مَطبِّ الهَوى لِخَمَّارَهْ
بَتسَلَّقْ عَلى أَكْتافُ العِباد بِمَهارَهْ
سُكرى ومَاهم بِسُكارى يَتباهى ويَتفاخرُ بِعَهارَهْ
نِجمَةُ عَبُسْتار تَدورُ بِهَوى الغِرِّ تَارَهْ
الشَّيبُ عَيبٌ بِخاضِعُ الرَّأسِ لَتخَبِّط بِدَارَهْ
خَمَّارَةُ التَّطبيعِ هَمسٌ وطَمئُنْ أَسرارٌ بِدوارَهْ
حَارِسُ العُهرِ يُنادي آخِرُ كَأسٍ انْغدُهْ بِجدارَهْ

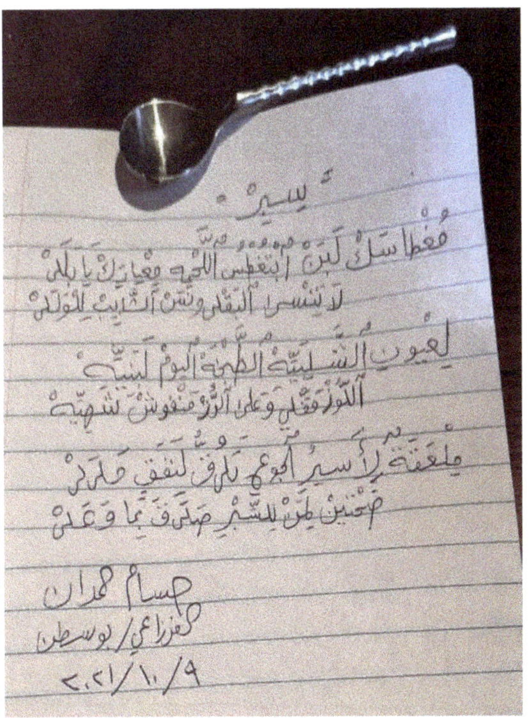

سِـبِـرْ

مُغْطاسَكْ لَبَنْ ابْتُغْطِس اللَّحْمه معيارَكْ يا بلدْ
لَا تِنْسى البَقْدونِسْ الشَّايبْ لِلْوَلَدْ..
لَعْيون الشَّلبِيِّه الطَّبْخَه اليومْ لَبنيِّهْ
اللَّوزْ مَقْلي وعَلى الرُّزْ مَنْفوشْ شَهيِّهْ
مِلْعَقَةٌ لأسيرِ الجوعِ تَدُقُّ لِنَفَقْ مَدَدْ
صَحْتينْ لِمَنْ لِلصَّبْرِ صَدَقْ بِما وعَدْ

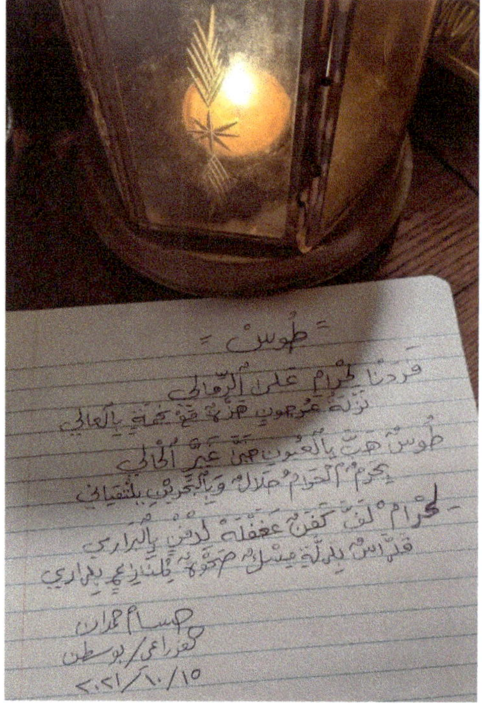

طُـــوسُ

فَرَدْنا لْحْرامْ عَلى الرُّمالي
نَزْلَةُ عُرجونٍ هَزَّةٌ مَعْ نجمَةٍ بالعالي
طُوسٌ هَبَّ بالعُيونِ خَبَّى غَيرَ الْحالي
بِحَرمِ الْحَرامُ حَلالٌ... وبالبَحرينْ يلْتقياني
لْحْرامْ لَفَّ كَفَنْ عَغْفَلَةْ لْدْفْنْ بالبَراري
قدّاسٌ بِدَلَّةِ مِسْكٌ صَحْوَةٌ لْمُنازِعٍ بِداري

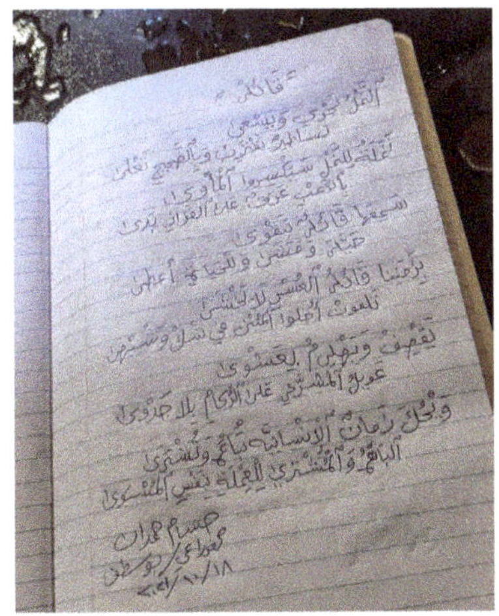

قَائِـــــدْ

النَّملُ تَجري وَيَسْعى

بَساطيرُ تَقْتربُ وبالضَّجيج تَعْلى

نَملَةٌ للنَّمل سَيكسروا المَأوى

بالرُّعب عَرَقٌ على القَزاز بَدى

سَمعَها قائدٌ بتَقْوى

حَيّدَ وَمَشى وللحَياة أعطى

بِزَمَننا قائدُ العُسر لا يَخْشى

تَلفونْ أخلوا المَبْنَى في شَك وَشُبهى

يَقصفُ ويَهدمُ بعَشْوى

عَويلُ المُشرّد على الرُّكام بلا جَدْوى

وَيْحكَ زَمانُ الإنسانيَّة تُباعُ وتُشتَرى

البائعُ والمُشتَري للعُملة بنَفسِ المُستوى ..

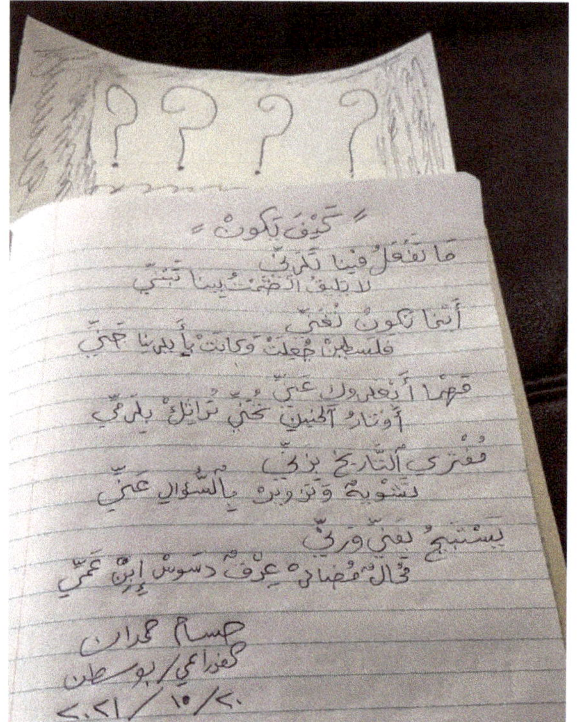

كَيْفَ يَكُــــونْ

مَا تَفْعَلُ فينا تَدنِّي... لا يَليقُ الصَّمتُ بِينا تَبَنِّي
أَيْنما تكونُ نغَنِّي...فَلسطينْ جُعِلَتْ وَكانتْ بأيدينا جَنِّي

مَهما أبعدوك عَنِّي... أوتارُ الحنينِ تُحنِّي تُراثُكَ بِدَمِّي
مُفتري التَّاريخ بزنِّي.... تَشْويهٌ وتزويرٌ بالسّؤال عَنِّي
يَسْتبيحُ بِفَنِّي وَرَنِّي... مُحالٌ مُضادْ عِرقٌ دَسوسْ إبْنْ عَمِّي

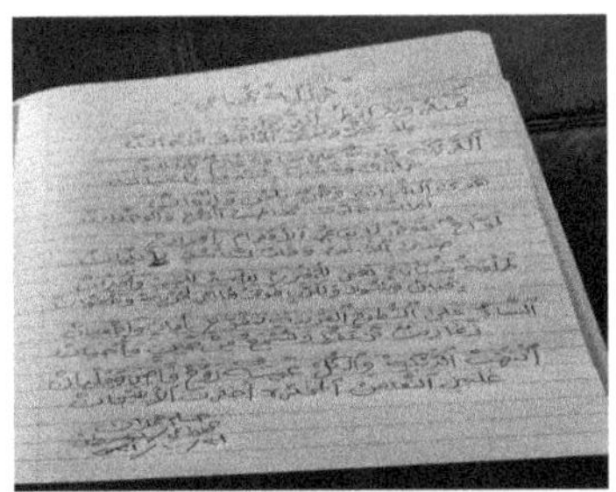

دَبْكِـــة كُفـــر راعِـــي

تَمْتدُ وتَترابطُ الذِّرعانْ

بِلا تَحيُّزْ وتَميُّزْ الحاضرُ فرحانْ

الدَّبكهْ حلقةٌ على ساحة عازمٌ بكرْمانْ

حَدّى وشَبيبْ بِمُنْتَصفِها يَلتقيانْ

هَوى الشَّبابَة وحيٌّ بلحنٍ وإمعانْ

نَبراتُ حَدّى تُخاطبُ الرّوحْ

والوجدانْ

لَوّاحٌ يقودُ لإيقاعِ الأقدامِ بأوزانْ

صَدى الأرضْ وقادُ لتناسُقِ

بِأبدانْ..طَلْعةُ شُبَّابَة تغني للمُغْتربْ للأسيرْ...للحَبيبْ والحَيرانْ

بِحنينْ وشُوقٍ وللرّبْ فُوقْ ..تُناجي لحُرِّيةْ وعُفوانْ

النِّساءُ على السُّطوحِ القَريبة تتفَرَّج

بأمانٍ وإحسانْ

زَغاريتُ تَزعقُها وتُسْمعُ منْ حينٍ وأحيانْ

انْتَهتْ الدَّبكهْ والكُلْ عبيتهْ روحْ

فَاضي ومليانْ

غلبني النُّعاسْ المخَدِّه أخدت الأشْجانْ..

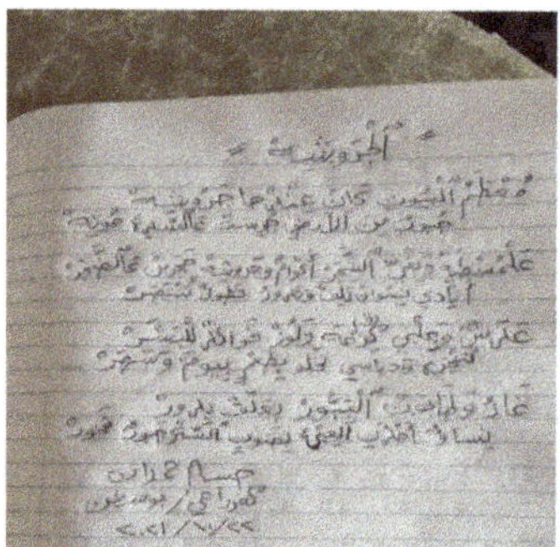

الجَروشِــــــة

مُعْظَمُ البُيوتِ كَانْ عِنْدها جَروشِه ...
حُبوبٌ مِن الأرضِ جُرشتْ عالسِّدهْ مُونهْ ...

عَلمُسْطبهْ.. وبِفَيِّ الشَّجرْ أكْوامٌ وجَروشةْ حَجرينْ عَالضَّجرْ ...
أيادي نِسوانْ تلِفّ وتدورْ تَطولْ تُنتصَرْ ...

عَدَسٌ وحلْبى كَزْحة ...ولُوزْ..فَوائدْ للبَشَرْ ...
تُنجرهْ..ودَباسي تَحلو بِطعمِ بيومْ وسَهَرْ..

غَازٌ وطابونْ البَبَورْ...بعَلِّقْ...بدورْ...
نِساءٌ..أخْدتِ العِبئَ بِصوتِ السّترْ جَبورْ...فخورْ

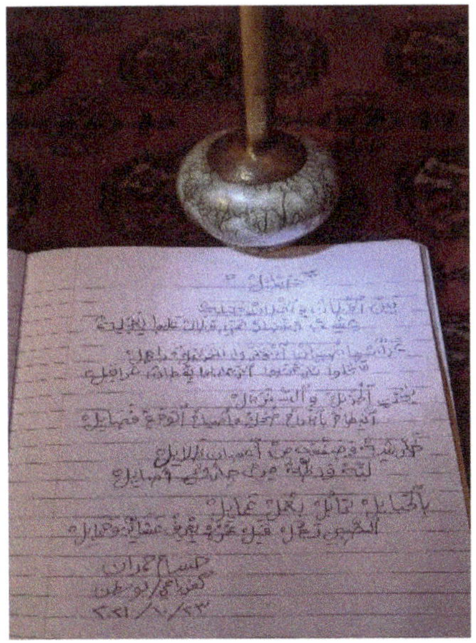

حَبَايِـــــلْ

بَينْ اقْطانْ واقْطانْ حَبْلَةْ

عِشبْ وخَضارْ نَمى وَطالْ عَليها بِعَجْلَةْ

عَراسِها صُبيانْ ابْتِتحدّى تَتمَرجَلْ مَراجِلْ

سَحلوا تَدَحْرجوا ادّحدَلوا بِقْطانْ عَراقِلْ

تَحْت الجرنكْ والسَّفَرْجَلْ

انْبِطاحْ بِاجراحْ ضُحكْ واصياحْ الوَجَعْ فَصايِلْ

خُدْشَةْ وصَفعَةْ مِن أغْصان ظلايِلْ

لِيّهْ ورَطّةْ مِن جذوعْ أصايِلْ

بِالحَبايِل تَمايِلْ بِعْمَل عَمايِلْ

الصَّبِي رجُلْ قَبل عُمرُه بِعرَفْ عَشايِرْ وحَمايِلْ

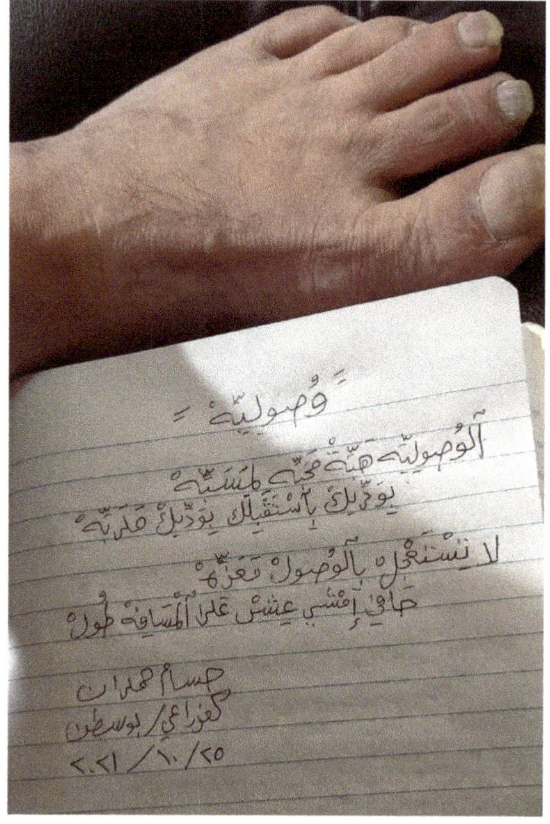

وُصوليّــــة

الوُصوليّة هَبّة مَحبّه لَسَبّه
بوديك باسْتَقبلك بوَديك مَدبّه
لا تسْتَعجلْ بالوُصولْ مَعَزّه
حايِ إمْشي عشْ على المَسافة طُولْ

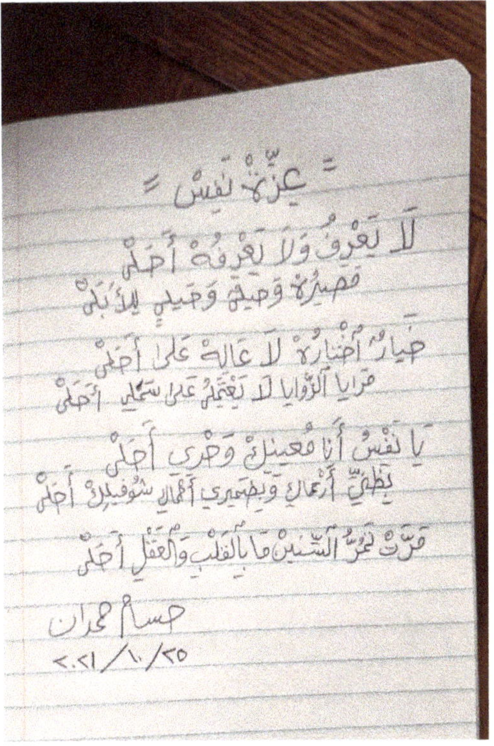

عِـزّةْ نَفِـــسْ

لَا يَعْرِفُ وَلَا يَعْرِفْهُ أَحَدْ

مَصِيرُهْ وَحِيدُ لِلْأَبَدْ

خَيارٌ اخْتَارُهْ لَا عَالَهً عَلَى أَحَدْ

مَرايا الزَّوايا لَا يَعْتَمِدُ عَلَى سَمَدِ أَحَدْ

يَا نَفْسُ أَنَا مُعِينَكِ وَحْدِي أَحَدْ

بِظَنِّي أُرْعَاكِ وَبِضَمِيرِي أَحْمَاكِ شُوفِيلِكِ أَحَدْ

مَرَّتْ تَمُرُّ السِّنِينْ مَا بِالقَلْبِ وَالعَقْلِ أَحَدْ

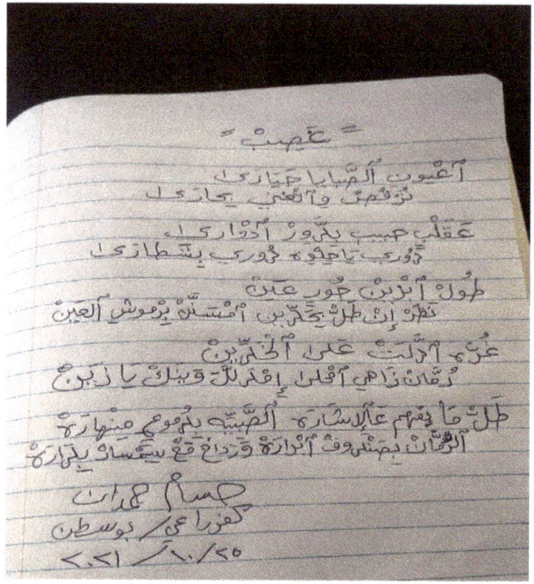

غَصِـــــبْ

اعْيون الصَّبايا حَيَارى

تُرقُصْ واتْغَنّي بِحَارى

عَقَلْبِ حَبيب بِدُورْ ادْوارى

دُوري يَا حِلوه دُوري بِشَطارى

طُولْ ابْزينْ حُور عِينْ

نَظَرْ إنْ طَلّ بِحِدّينْ امسِنَّنْ بِرْموشِ العَينْ

غُرّة ادّلَّتْ على الخَدّينْ

رُمّانْ زَاهي امْحلى إمْدلَّلَ وِينَكْ يَا زَينْ

طَلّ مَا يِفهم عالإشارَة الصَّبِيّة بِدُموعِ منْهارَة

الرُّمان بِصَنْدوقْ ابرارَة ورْداح مَعْ سِمْسَارِ بِدَارهْ

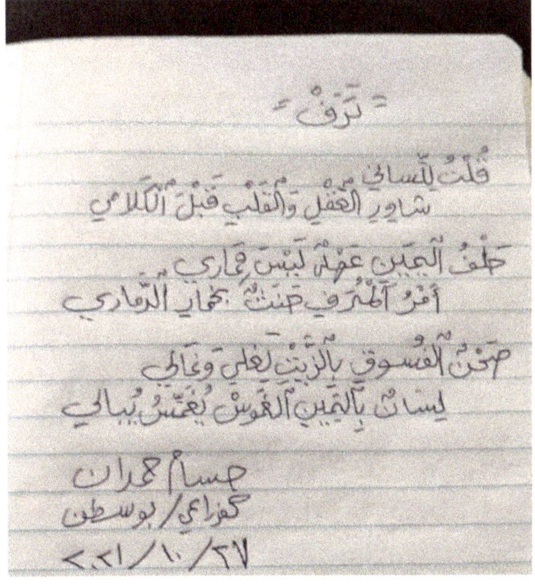

تَـرَفْ

قُلتُ لِلِّساني
شاوِر العَقْلِ والقَلْب قَبْلَ الكَلامي
حَلَفُ اليَمين عَهْدٌ ليسَ قَماري
أمرُ المُترف حَنَثٌ بخمارِ الدَّماري
صحْنُ الفُسوقِ بالزَّيت يغلي وَغالي
لِسانٌ بالِيَمينِ الغَموسْ يُغَمِسْ يُبالي

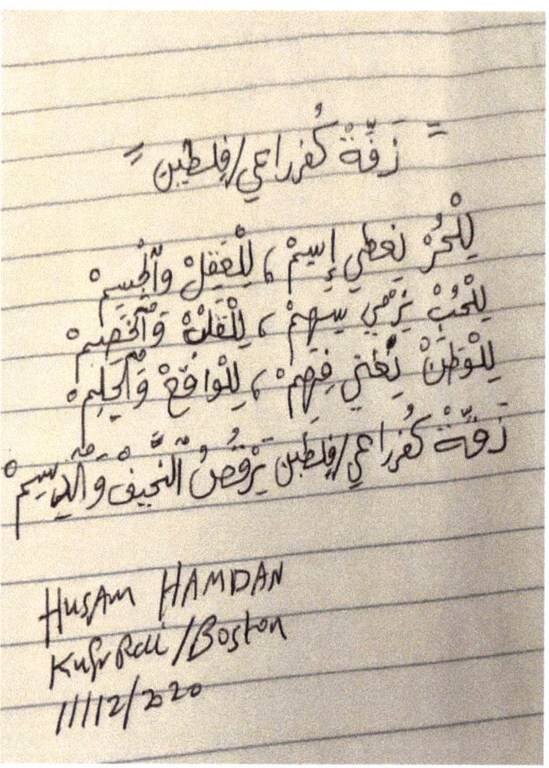

زَفَّــــةْ كُفْــرراعـي...فِلسطيـــنْ

للحُرْ نعطي إسمْ للْعَقلْ والْجسمْ
لَلْحُبْ نرمي سهمْ للقَلْبْ والْخَصمْ
للْوَطنْ نغني فهمْ للْواقعْ والحلمْ
زَفَّةْ كُفرراعي فِلسطين يَرقُصُ النَّحيفْ وَالدسِمْ

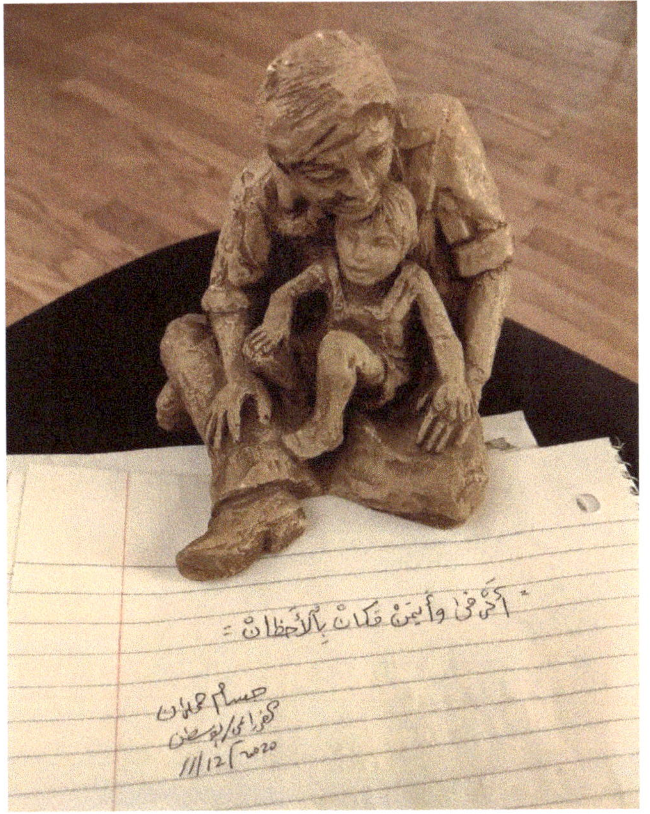

أَدْفَى وَأَيْمَنْ مَكَانْ بِالأَحْضَانْ

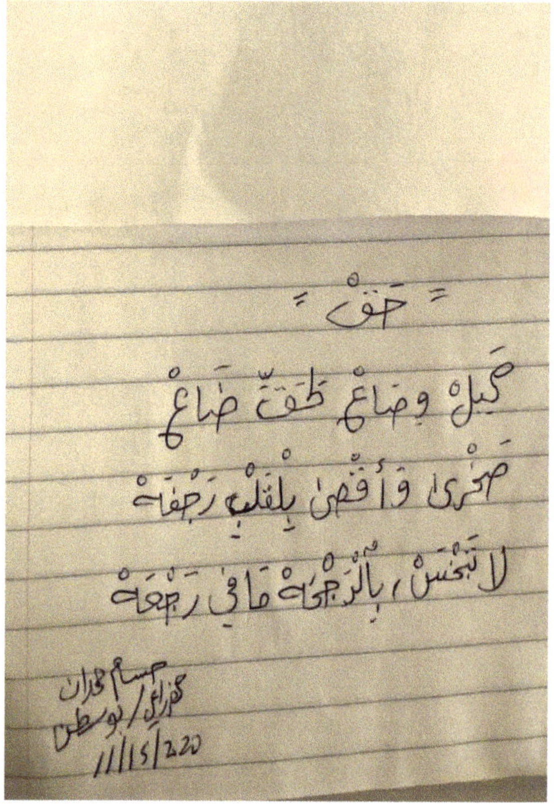

حَـــقّ

كَيلْ وِصَاعْ لَحَقٍّ ضَاعْ
صَخْرى وَأَقْصى بِلْقَلْبِ رَجْفَهْ
لا تَبْخَسْ بِالرَّجْحَهْ مَا في رَجْعَهْ

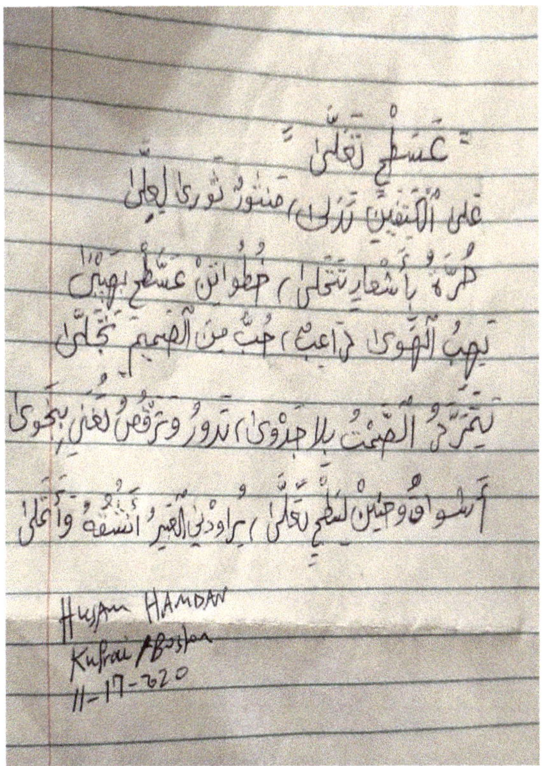

عَسَطْــــح تَعَلَّــــى

على الكَتِفينِ تَدَلَّى مَنثورُ ثَورى لِعَلَّى
حُرَّةُ بأشعارٍ تَتَحلى خُطواتِنْ عَسْطَح بَهَيبي
يَهِبُ الهَوى داعِبٌ حُبٌّ مِنَ الصَميم تَجَلَّى
يَتَمرَّدُ الصَمتْ بِلا جَدْوى تَدورُ وَتَرْقصُ تُغنّي بِنَجوى
أشواقٌ وَحنينٌ لِسَطحٍ تَعَلَّى يُرِوادُني العَبيرُ أنْشُقهُ وأتَمَلَّى

أَنَـا الْفَـلاحْ

أَنا الفَلاحْ والفَاسْ تَذْكُرني
حيَ علْفلاحْ يُوقِدُني
بِنادي النَوى عَندى بنادي
يَلّه إسْرَحْ شدّ الأيَادي
أنْكِشُ الأرْضِ وأُقلِمُ الأشْجارْ
لِعَهد يَنْضَحْ وأُقطِفُ الثِمارْ
نَهاري يَزِفُ مِشْواري
مِنْ دارٍ لأرْضٍ سَلامٌ عِجاري

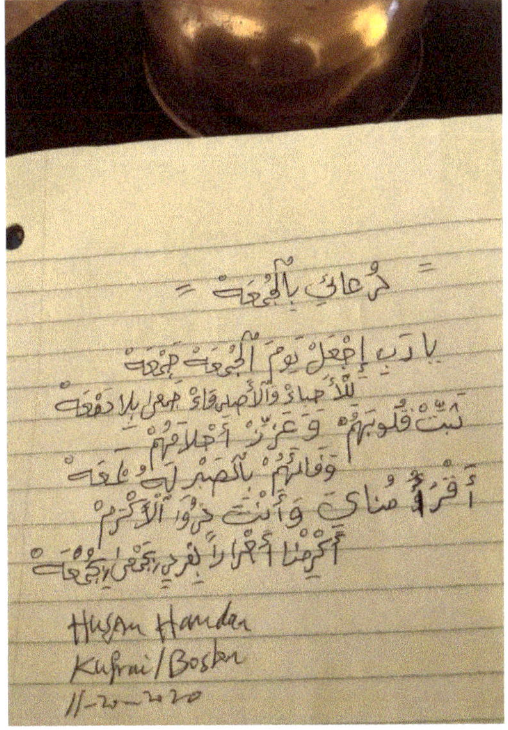

دُعَائِـي بِالْجُمْعَـة

يا رَبِّ إِجْعَلْ يوم الجُمعَه جْمعَه
لِلْأحباءْ...والأصدقاءْ جَمعى بِلا دَمْعَه
ثبِّتْ قُلوبِهُمْ وَعزِّزْ أحلامَهُمْ
وَفائِهُمْ بالصبرِ لَهُ لَمْعَه
أقرأ مُنايَ وَأنتَ ذُو الأكرَمْ
أكرِمْنا أحرارًا بِفردٍ بِجَمعى بِجُمعَه

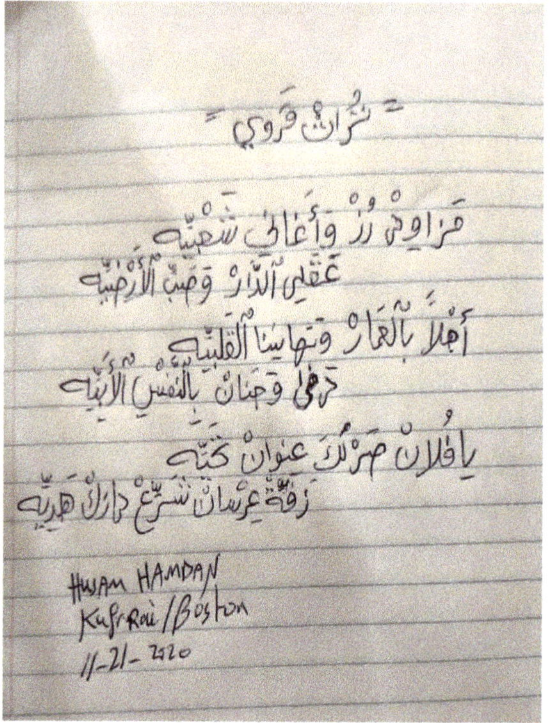

تُـراثٌ قَـروي

مَزاوِدْ رُزْ وَأَغاني شَعْبِيِّه
عَقْد الدَّارْ وَصَبُّ الأَرْضِيَّة
أَهْلاً بالعَمارْ وَتَهانينا القَلْبِيِّه
دَفى وَحَنانْ بالنَّفْس الأَبِيِّه
يا فُلانْ صَرْلَكَ عنوانْ تَحِيِّه
زَفَّة عِرْسانْ شَرْعْ دارَكْ هَدِيِّه

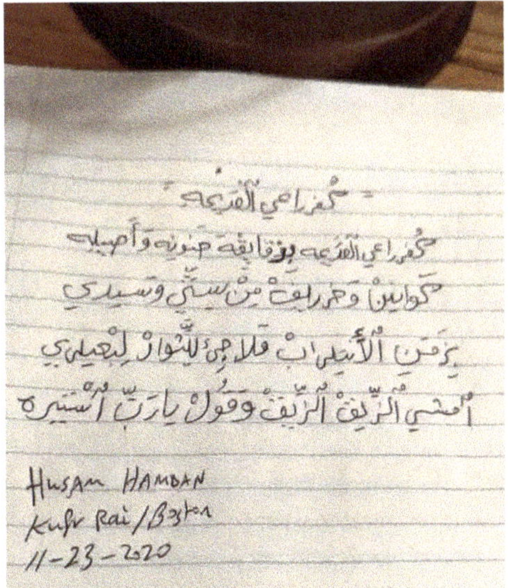

كُفُــر راعــي القَدِيمَــة

كُفُر راعي القَدِيمَة بِزقازيقها حَنونَه وأصيلَه ..

كَوانينْ وَخَرريفْ مِنْ سِتِّي وَسيدي
بِزَمَنِ الإنْتِداب...مَلاجِئْ لِلثوارْ لِبْعيدي ..

أمشي الزِّيقْ الزِّيقْ وَقُولْ يا رَب اسْتيره

لا يُكَلِّفُ اللّه نَفْسًا إلَّا وُسْعَها

Allah does not burden a soul beyond that it can bear

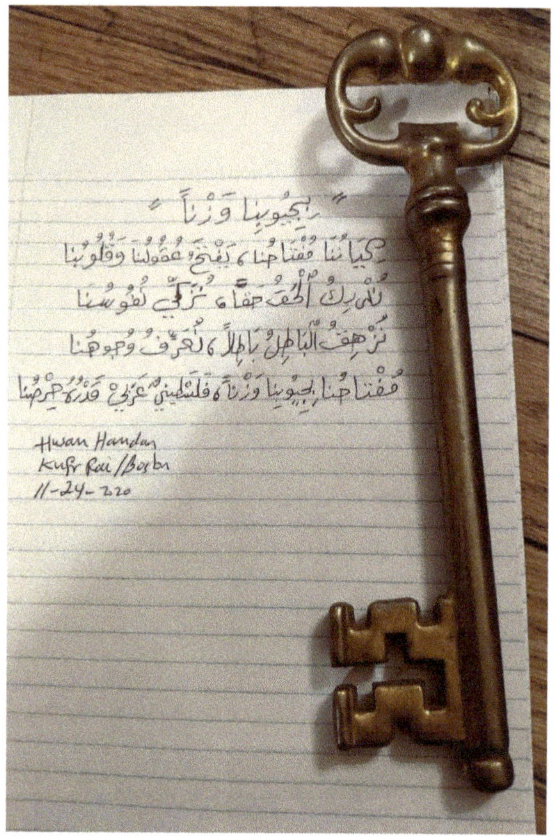

بِجِيُوبِنـا وَزْنـًا

كِيَانُنَا مُفْتَاحُنا يَفْتَحُ عُقُولُنَا وَقُلُوبِنا
نُدْرِكُ الحَقَّ حَقَّا نُزَكِّي نُفُوسَنَا
نُزْهِقُ البَاطِلَ بَاطِلًا نُعَرِّفُ وُجُوهَنَا
مُفْتَاحُنا بِجِيُوبِنا وَزْنًا فَلَسْطِينِيٌّ عَرَبِيٌّ قَدْرُهُ حِرْصُنَا

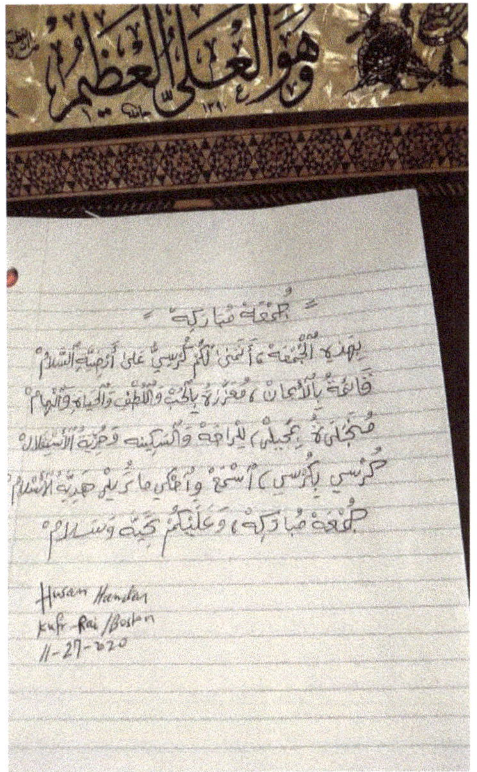

جُمْعَـــــةٌ مُبَارَكَـــــةٌ

بهذه الْجُمعَهْ أتْمَنَى لَكُمْ كُرسيّ عَلَى أرْضِيّة السَّلامْ
قَائمَةُ بِالإيمانْ مُعَزَّزَةٌ بِالحُبْ وَاللُّطْف وَالحَياة وَالإلْهامْ
مُنجَدَةٌ بِمَجيدْ للرَّاحَةْ والسَّكِينه وَحُريهُ الاسْتِقلالْ
كُرسِي بِكُرْسي اسْمَعْ واحكي ما تُريدْ هَديّة الاسْلامْ
جُمعَهْ مُباركَة وَعَلَيْكُمْ تَحيّه وَسلامْ

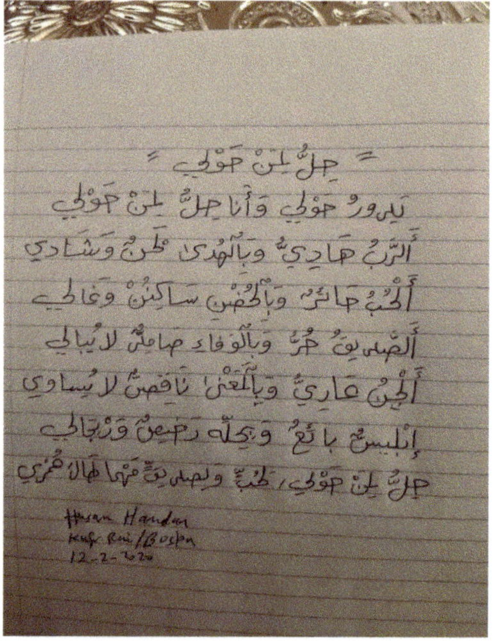

حَـلٌّ لِمَـنْ حَوْلِي

يَدُورُ حَوْلِي وَأَنَا حِلٌّ لِمَنْ حَوْلِي
الرَّبُ هَادِيْ وَبِالهُدَى لَحْنٌ وَشَادِي
الحُبُ حَائِرٌ وَبِالحُضْنِ سَاكِنٌ وَغَالِي
الصَّدِيقُ حُرٌ وَبِالوَفَاء صَامِدٌ لَا يُبَالِي
الجِنُ عَارِيٌ وَبِالمَعْنَى نَاقِصٌ لَا يُسَاوِي
إِبْلِيسٌ بَائِعٌ وَبِحِلّة رَخِيصٌ وَرْتِجَالِي
حِلٌّ لِمَنْ حَوْلِي لِحُبٌ وَلِصَدِيقٍ
مَهْما طَالَ عُمْرِي

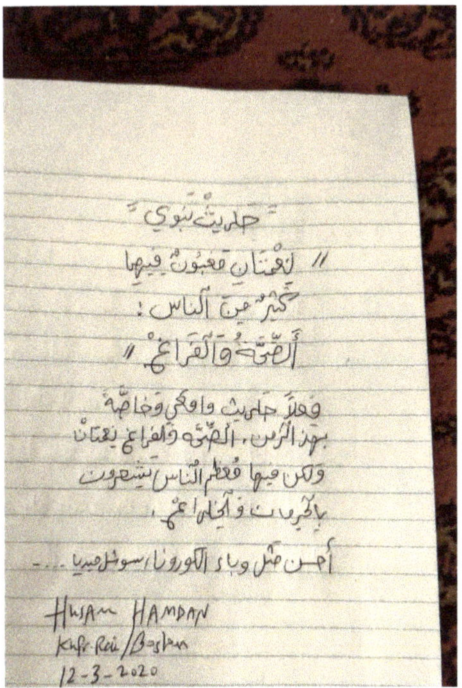

حَديـــثْ نَبـــوي

نِعْمتَانِ مَغْبُونٌ فيها كَثيرُ منَ الناس : الصِّحَّة والفَراغْ
فِعلاً حَديث واقِعي وخاصَّة بهَذا الزَّمن الصِّحَّة والفَراغْ نِعمتان
وَلكن فيها مُعظم الناس يَشعرون بِالحِرمان والخِداعْ
أحسَن...مَثل وباء الكورونا سوشل ميديا

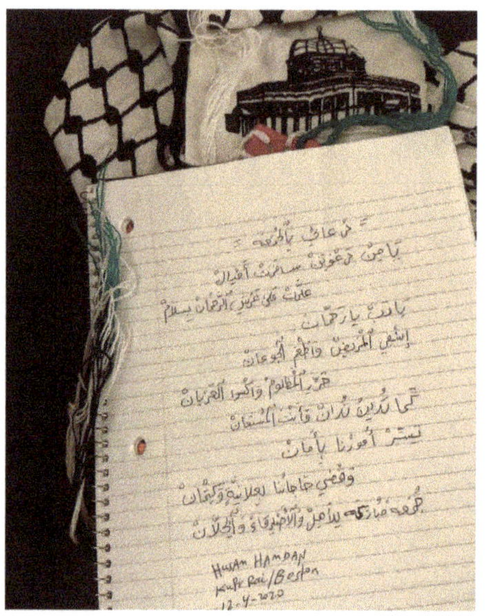

دُعائِــي بِالجُمعَـــة

يَا مِنْ دَعْوتِنْ سَافَرَتْ أَمْيالْ
عَدْتْ عَلَى عَرْشِ الرَّحْمان بِسلامْ
يَا رَبْ يَا رَحْمــانْ
إشفِي المَريضْ واطعَم الجوعانْ
حَرِّر المَظلومْ واكْسوا العَريانْ
كَما تُدِينُ تُدانْ وأنْتَ المُستعانْ
يَسِّرْ أُمورَنا بِأمــانْ
وَقْضي حَاجاتُنا بعلانيَّة وكتْمانْ
جُمعهْ مُبارَكةْ لِلأهلِ والأصْدِقاءْ والخِلّانْ

قولـــي

الصَّبْرُ بِالهُدى يُسْرْ وبِالضَّلالِ عُسُرْ...

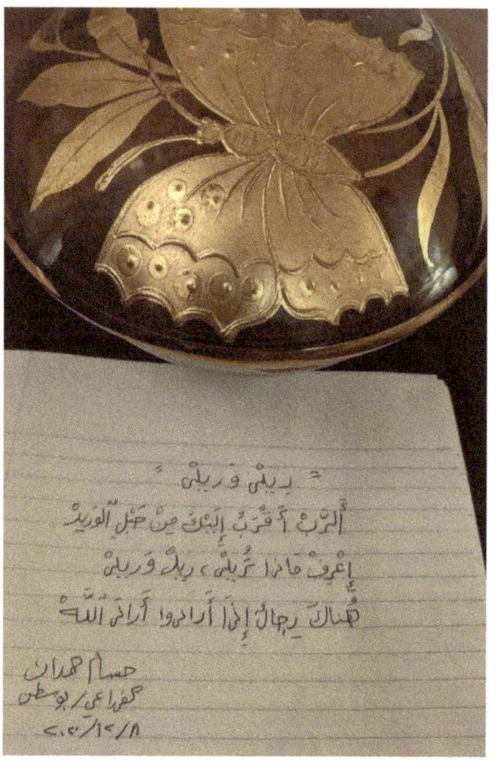

رِيدْ وَرِيدْ

الرَّبُّ أقْرَبُ إلَيْكَ مِنْ حَبل الوَريدْ
إعْرفْ مَاذا تُريدْ، رِيدْ وَريدْ
هُناكَ رِجالٌ إذا أرادوا أرادَ اللّه

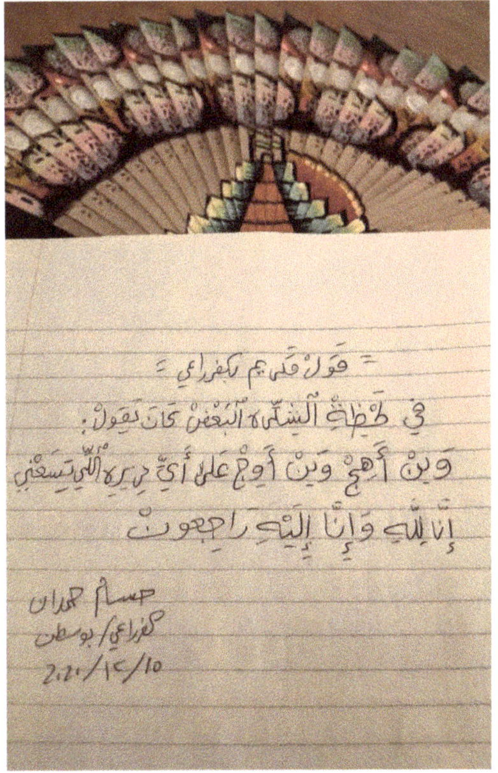

قَــوْل قَديــم بكفـر راعـي

في لَحْظةُ الشدّه البَعضْ كَانَ يَقولْ :
وَينْ أهِجْ وَينْ أوجْ عَلى أيِّ دِيرِه اللّي تِسَعْني
إنّا للّه وإنّا إليه رّاجِعونْ

رَنيـنُ مَــارِدْ

أفْرادٌ بِجمْعَهْ...

كُلُّنا لهُ بَسمهِ وَدمعهْ ...

شُعلةُ الشَّمعهْ تَتراقَصُ بِبْدعَهْ ....

تجفُّ الحُروفْ وتحلمُ الكلماتِ بِلَمْعَهْ ...

رَنينُ مَاردٍ خَارقٌ وفارقٌ ...

إصغي لِصَدى السُّطورِ مَاركْ...

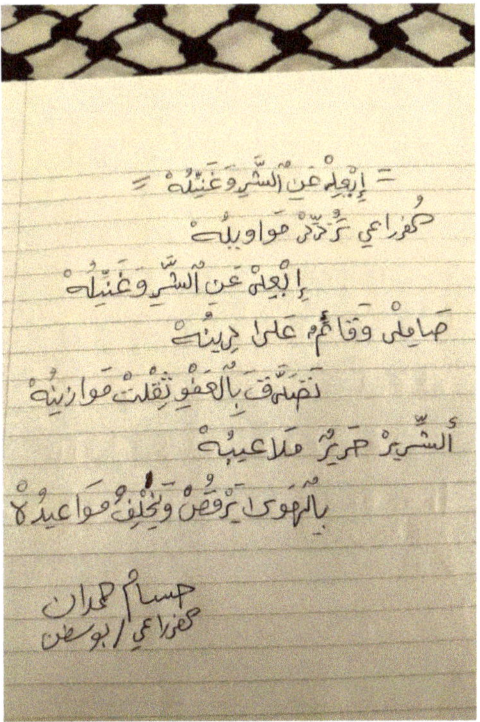

إبْعِـدْ عَـنِ الشَّـرِّ وغَنيلُـهْ

كُفرراعي تُردِّدْ مَواويلُهْ
إبعدْ عَن الشَّرِ وغَنيلُهْ
صَامِدْ وقائمٌ عَلى دينُهْ
تَصدَّق..بِالعَفوِ..ثقلَتْ مَوازينُهْ
الشُرِيرُ حَريرٌ مَلاعيبُهْ
بِالهَوى يَرْقُصْ ويخْلِفُ مَواعيدُهْ

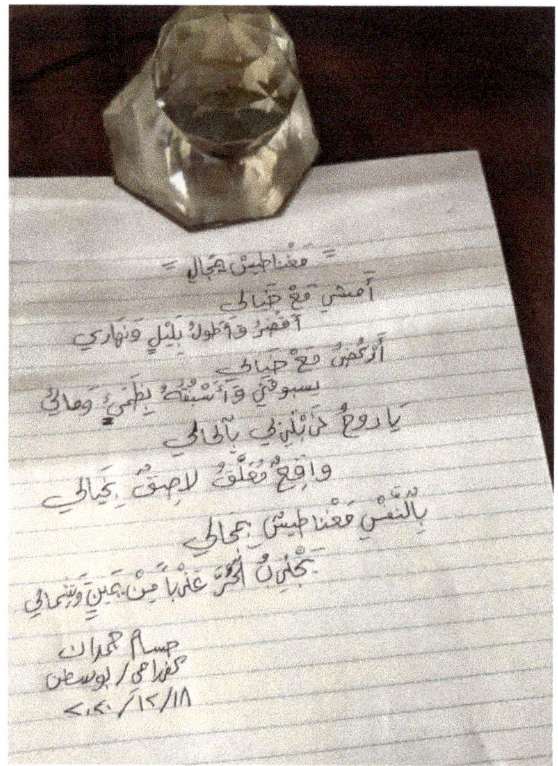

مَغْناطِيــسٌ بِمَجالِ

أَمشي مَعْ خَيالي ...أقصَرُ وَأطولُ بِلَيلٍ وَنَهاري
أركُضُ مَعْ خَيالي يسبِقُني وَأسبُقُهُ بِظَمئي ومائي
يَا روحُ ذَبْذِبي بِالحالي واقِعٌ مُعَلَّقٌ لاصِقٌ بِخَيالي
بِالنَّفْسِ مَغْناطيسٌ بِمَجالي يَجْذِبُ الحُرَّ عَذْبًا مِنْ يَمينٍ وَشِمالي

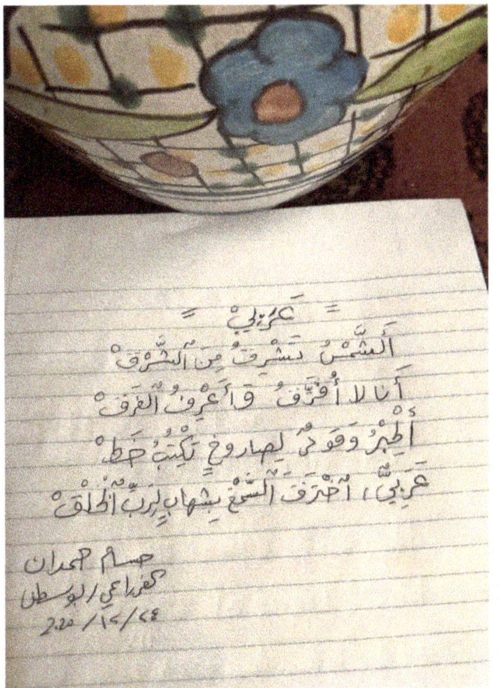

عَرَبِــــي

الشَّمْسُ تَشْرقُ مِنَ الشَّرْقْ

أَنا لا أُفرِّقُ وأَعْرفُ الفَرقْ

الحِبرُ وَقودٌ لِصاروخٍ تَكْتُبُ خَطْ

عَرَبِيُّ اخْتَرقَ السَّمع بِشهابٍ لِربِّ الخَلْقْ

جُمعـــةٌ مُبـاركـــةٌ

يَقينٌ بِربِّ العالَمينْ جُمعَه مُبارَكة لكُم أجمَعينْ
سَلامٌ سَليمٌ للحُرُّ الكَريمْ تَذَكَّرْ بِصدَقَهْ للفَقيرِ واليتيمْ
الشَّجرُ عاريُّ والمُحيطُ ساكِنْ تَجري السَّكينةُ بالبيتِ شاكِرُ
يُعطيكُم الصّحة والعَافيهْ بالجُمعهْ مُعينْ

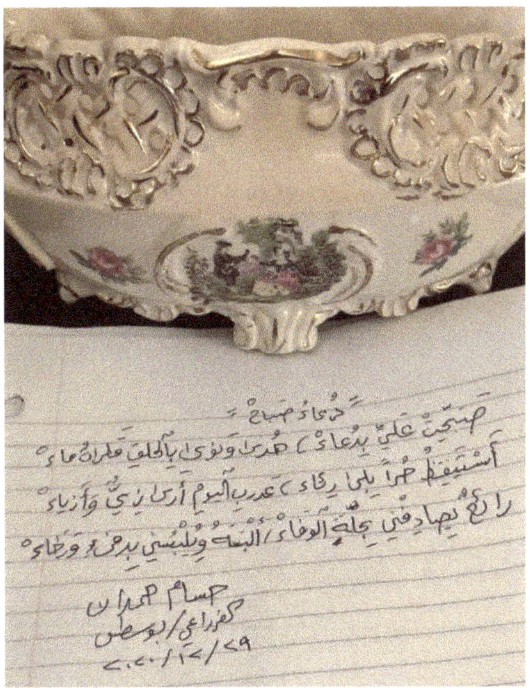

دُعـــاءُ صَبــــاح

صَبحَتْ عليَّ بِدُعاءْ هُدى وَنوى بِالحَلقِ قَطرهُ ماءْ
أَستيقظُ حُرًّا بِلا رِئاءْ عَدربِ اليومِ أرى زِيِّ وأزياءْ
رائعٌ يصادِفُني بِحلَّةِ الوَفاءْ أُلبسهُ ويُلْبسني بِدفئٍ ورَخاءْ

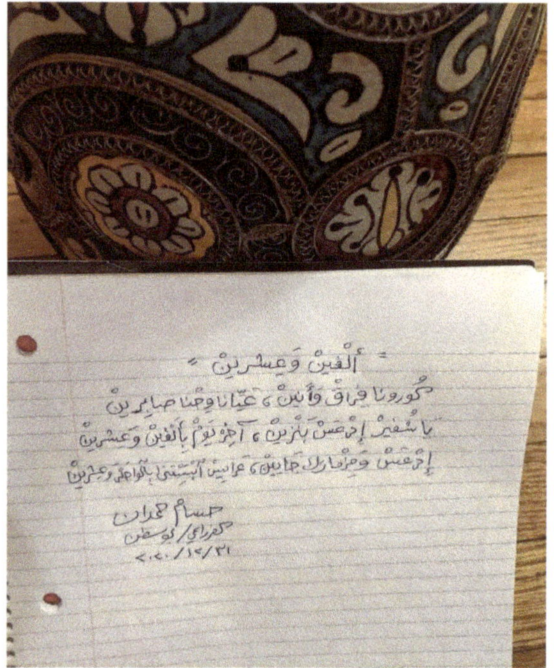

ألْفِيــنْ وَعِشْريــنْ

كُورونا ...فِراقْ وأنِينْ، عَيَّانا ..وحْنا صابِرينْ
يَا شُفيرْ إدْعَسْ بَنْزينْ آخِرْ يَومْ بِألْفينْ وَعِشرينْ
إدْعَسْ وَمِزْمارَك جايينْ
عَرايِسْ ابْتِسْتَنَى بِالواحَد وَعِشرينْ

إتَقّــي الله

لا هِيَه شَرْقِيَه وَلا غَرِبيَّهْ
صَلاة الجُمعه لَنا بعَربي وإسلاميَّهْ
جُمعَهْ مُبارَكة بِحلولْ سَنه هجريَه وميلاديَهْ
إتقي الله إتقي الله

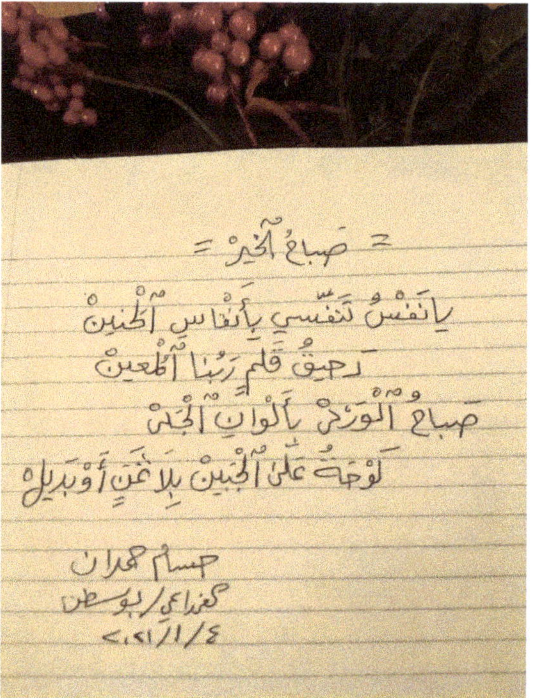

صَبـــاحُ الخيـــرْ

يا نفسُ تَنَفّسي بأنْفاسِ الحَنينْ
رَحيقُ قَلم رَبِّنا المُعينْ
صَباحُ الوَردْ بألْوانِ الجَدْ
لَوحةُ عَلى الجَبينْ بِلا ثَمنٍ أوْ بَديلْ

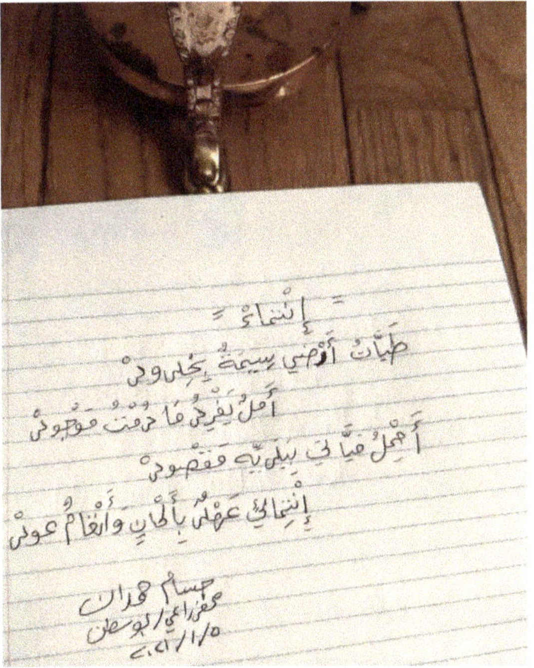

إنْتِمـــاء

طَيَّاتُ أَرْضِي سِيمَةٌ بِحدودْ
أَملٌ يَفرِدُ مَا دُمتُ مَوْجودْ
أَحْمِلُ مياتي بيدَيِّه مَقصودْ
إنْتِمائي عَهْدٌ بِألحانٍ وَأنْغامُ عودْ

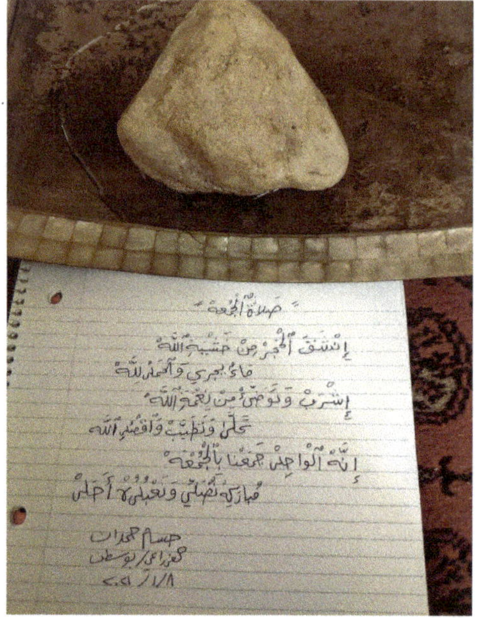

صَـــلاةُ الجُمعـــــة

إنْشقَّ الحَجَرْ مِنْ خَشْيَةِ الله
مَاءٌ يجري والحمدلَله
إشْرَبْ وَتوضَّئ مِنْ نعمةْ الله
تَحَلَّى وَتَطَيَّبْ وَاقْصُدِ الله
أنَّهُ الواحِدْ جَمعْنا بالجُمعهْ
مُبارَكة تُصلِّي ونعبُدُهْ أحَدْ

حَصـى العَينَيْـن

ميزانُ عَدْلٍ وقَّع حَجَرينْ
للحُر دَرْبٌ بِالقَلْب عَهْدينْ
يَمشي بِنَعلينْ لقُدس وَحَرَمينْ
نِجمةُ سَيفٍ ادْعثَر آخ بَعدينْ
عَلَمٌ وَقَلَمٌ تَلوحُ بِيَدينْ
أقْصى وَقَريبٌ حَصى العَينينْ

مِيـــنْ هَـــذا

كَلامُهْ زِفِرْ ذِكْرُهْ نِكِرْ

قَلْبُهْ عِكِرْ عَقْلُهْ صِفِرْ

لِلْحُرِّيَهْ دِكِرْ لِدَّيمُقراطِيَهْ حِقِرْ

حُرّاسْ مِنْ أَصابِعْ رِجْلِيهْ لِلرّاسْ..

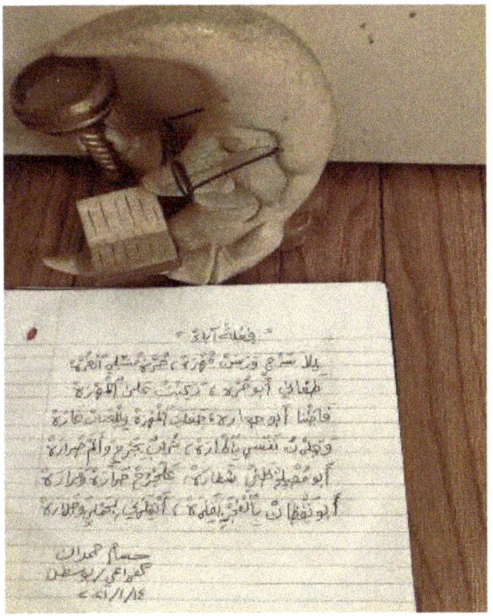

فِعْــلــةُ آبـــاءْ

بِلا سَرْجٍ ورَسَنْ مُهْرَهْ حُرَّهْ مُسبِّلِي الغُرَّهْ ..

طغاني أبو مُرَّهْ رَكِبتُ على المُهَرَهْ ..

فَاجَئْنا أبو جعارَه جَفَلَتِ المُهَرَهْ وللعنانْ غَارَهْ ..
وَجَدتُ نَفْسِي بالحارَهْ
تُرابٌ بجرحٍ وألَمْ صَرارَهْ ..

أبو مُصلِحٍ ظنِّي شَطارَهْ عَلجُرُحْ حَرارَهْ وَمَرارَهْ ..
أبو يَقظانْ بِالفجرِ يَقِدَّهْ أيْقِذَنِي بِحَمدٍ وَجَدارَهْ ..

«الثَفــــل»

ولا اءطيب من طعم ما تبقى من الطبخه بقاع الطنجره. منذ الصغر كنا نتنافس عليه ويا ما ارغيف خبز لحوسه كله. عاده مازالت دارجه لغاية الاءن حيث ان الرسول سيدنا محمد كان يحب ان ياءكل الثفل. مش بس صحيه، ولكن علمتنا منذ الصغر وباءسلوب غير مباشر ان نقدر نعمة الله ولا نسرف ونبذر الخير مهما كان ضئيلاً. كمان بقدر اقول ان فكرة «لبعاره» باءخر الموسم سواء كان زيتون، لوز، جرنك الممارسه بقريتنا جاءت بسبب حب الرسول للثفل. الخلاصه، بالتوالي في خير وخصاصه.

أيام ذي الحجه ذكرتني بأكلة العجه - فقست بيضتين وخلطهن بشوية اطحين، زيدت عليهن بقدونس مفروم ورشيت عليهم ملح، فلفل وعصفر وخلطهم. على نار خفيفه قليت الخلطه بزيت الزيتون. صبرت لمن اتحمرت واتقمرت. اتعشيت عليها مع ارغيف خبز، صحن لبن، سلطه، شقحتين بطيخ وفصل عنب. عشاء بسيط، خفيف، مفيد ولذيذ. العجه ذكرتني الطبخه مش بالكثره ومغزاها عبره. فيا ريت لو قيادة الحكومات تمشي على نمط واسلوب العجه - تدرك الاشخاص الفعاله والمناسبه حتى لا يكون عذر وحجه.

بمناسبة عيد الاضحى المبارك، لا تكن كبش الفدى للانتهازيين والوصوليين. اصحى، خليك اصيل لأن الدنيا ما زال فيها طيبين وحقيقيين. عيد اضحى مبارك علينا وعليكم أجاويد وكرام. تحياتي. تداول بآلندى لمن بشوفك حدى....

وين صاحي علبchaار يا فتاح يا عليم ويا رزاق يا chaاريم-

الى مجهول يقدرني بلا شروط، قيود ومسبقيات.

بأمان آلله ورعايته، رافقتك آلعافيه وآلسعاده إنشاء آلله. بهذه الجمعه، آمل ان نتذكر اقوال في آلإسلام:
١) لا حياء في الدين
٢)طلب العلم من المهد الى اللحد
٣)اوأعدوا لهم ما آستطعتم من رباط الخيل
٤)الضرورات تبيح آلمحذورات
٥)آلحياء من آلإيمان
٦)إن الله غفور رحيم
عسانا نربطهما ونفهم المغزى لكي لا يعم الخجل على وجوهنا، أفواهنا، قلوبنا ويهفت هيبتنا الى حضيض التخلف والإنهباط.
دامت جمعه مباركه على الجميع.

حط مخافة ربنا بين عنيك.

هذه العباره كانت تردد معظم آلاحيان من امهاتنا للأزواج وللأبناء قبل آلخروج من آلبيت قاصدين باب آلله. واحيانا كنا نسمعها من المظلوم والمغلوب عليه وهو على حق موجهة الى عنيد على باطل.

اكبرنا ومع الزمن عرفنا التقوى من تلك العباره.

بهذه الجمعه، آمل ان نضع مخافة ربنا بين عنينا.

دامت جمعه مباركه تسر الناظرين.

آلغالـــي يرخصلك..

مقوله قصيره بكلمتين، ولكنها سيف بحدين. آعرفنا منها آلنضحيه، آلكرم، آلجود وآلمفاجئه آلساره آللتي دهشت وتدهش قلبين.

علمتنا من نحترم، نقدر ونحب، كنا ونكون مهيئن وعلى استعداد للغالي يرخص لهم بلا مماطله وجدل. الفقير والمحتاج اخذ نصيبه بعجب واستغراب وتحدت وتحدت تحدتت واما بنعمة ربك فحدث.

فيا آمبرمج علكرسي ومدجج بجنود، آلغالي يرخصلك بستنى تتفكهن قيود.

ﭼ آبيوت آبتتوسخ يوميا وما بنظفها إلا ممسحه. وحده لازم آتغطسها بطشت ميه وتعصرها. عصبونة آجريك وطول آيديك، الكل بشعر فيها بالبيت..

ثانيه تأتي بعصاه وشبر، آبتحني ظهرك من غبار الخبر. عناد وعناد المسطبه وجه القمر.

آلنظافه من آلايمان، مكان محطاط بممسحه لعقر الزمان.

بروح كلمات آلرب»وما أنزلنا عليك القرآن لتشقى«اردد واقول: اذا الرب
وملائكته يصلون على النبي بخشوع سجود، خلي الموسيقى تلعب من المهود
الى اللحود. بلكن ترنمت وتبسمت كل الوجود-ولو مره.
وينك يا آبن آدم عبود، اكتب كلمات وألحان آلموسيقى بلا قيود آلحدود.
ربي آشرح آلصدر ويسر آلأمر، احلل عقده من آللسان ليفقهوا آلقول،
ويسر صديق صدوق آشد آلأزر.لعله أنا وأنت على نفس آلسطر.
جمعه مباركه بالود وآلحب يعتز ودود منتصر.
كل عمل /فعل يصدر من شخص له صوت يخزن يا بذاكرة المخ ويا
بالقلب. لسبب،لظرف وبوقت ما قد تتحد بعض الأصوات وتنتج اما
قصيده،اغنيه ،سيمفونيه أو فكرة ابداع.فلا تستغرب من أصوات غريبه

بنفسك دفعه وحده. اطمئن واعتبر نفسك محظوظ واعطيها المجال لتخرج إلى العالم بسلام وبصوتها الحقيقي بنفسك. لا تدري قد تصبح شاعر، مغني ،منتج أو عبقري باخر عمرك.

سمعتها تروض لصبر عالصبر صبر ايوبي ليعاود يرجع اشوف محبوبي....

شجنها أخذني للقران لمعرفة من هو ايوب وصبره. وجدت أن سيدنا ايوب نبي وارد الله أن يمتحن صبره وإيوابه. الله ابتلاه عن طريق الشيطان بمرض جلدي سيء جدا ولزمن طويل مما جعل أهل بلده وأهله ينفروا منه. عاش معتزلا وكانت زوجته الوحيده تشفق عليه وتزوره بطعام واحتياجاته. الشيطان ظهر له بهيئة شيخ حكيم وحاول أن يستغل وضعه الصحي الصعب ليضله عن عبادة وطاعة الله. سيدنا ايوب صبر وهزم الشيطان وقال له بتصديق من قول الله«لله ما اعطى ولله ما اخذ، فله الحمد معطيا وسالبا، راضيا وساخطا، نافعا وضارا».

مع الزمن ومن كثر الالم، استنجد سيدنا ايوب بالله أن يرحمه ويشفيه «واذكر عبدنا ايوب إذ نادى ربه أني مسني الشيطان بنصب وعذاب»،«أني مسني الضر وانت ارحم الراحمين»،«إنا وجدناه صابرا نعم العبد إنه تواب».

الله سبحانه وتعالى إستجاب لدعوة سيدنا ايوب بأمره أن يضرب برجله نبع ميه ثم يغتسل ويشرب منه بقوله تعالى«أركض برجلك هذا مغتسل بارد وشراب». اشفاه الله بقوله تعالى«ووهبنا له أهله ومثلهم معهم رحمة منا وذكرى لأولي الألباب»

نستنتج من قصة سيدنا ايوب الكثيرمن العبر،الحكم والنصائح فمنها :

١ - كل مخلوق معرض للابتلاء والامتحان من اللّه وبعدة طرق ووسائل قد ندركها ام لا.

٢ - طهارة الجسم وشفاء بعض الأمراض قد تأتي عن طريق الثلج والماء البارد (غسيل،استحمام،شرب)

٣ - للصبر احدود والثقه بأن اللّه يراقب كل شيء وموجود.

بهذه الجمعه، امل ان نتذكر كلمات الرب «بسم اللّه الرحمن الرحيم» ___ انها وعد مطلق أخذه اللّه على وجوده بأنه رحمن رحيم. نلاحظ ونعتبر بأنه بدء بوصفه في بداية كل ايه وقبل أن يبيح وما يطلبه من عبده أن يفعل ويظل بحياته لينال هدي، خيرات اللّه ورضوانه، ويتجنب ضلاله

وغضبه. كونه رحمن رحيم في البدايه دليل على لطفه، ادبه، ثقته بكلامه وحسن معاملته لجمهوره كمتحدث على منصه ـ اسمعوني بلا اكراه، تذمر أو ازعاج.

رحمن رحيم سند للإنسان وبجلبن حرية الانطلاق والتعبير، دامت جمعه مباركه بالعفو والعافيه بظل رحمن رحيم.

جُـــذران

اطَّلَعْ شُوفْ يَا ربِّي قُلِّي شو صَارْ

جَدَرْ جَدَرْ جُدرانُه جُدْران الجُورْ

كيف اضيِّقْ عليِّ يحْبِسني اشلونْ

جَدَرْ جَدَرْ جُدرانُه جُدْران العُوقْ

كيف انادي ابحُريِّةْ يِضحَكْ عالكونْ

حقِّ الجَارْ عاجارُه بِندى مِنْ فُوقْ

كيف اعلِّي ابْجُدرانُه ما عِندوا ذُوقْ

مَهما اتْعلَّتْ جُدرانُه واتْربَّصْ فُوقْ

حقِّ الواطِنْ بِسهرلُه ما ابيِعرفْ نُومْ

جدِّ اجدودي بِعرِّفني أصلي مِنْ هُونْ

أصلي مِنْ هُونْ

قهوتـــي ســـادة

السُّكَّرْ يُحرِّكني مِنَ الواحِدْ أحدْ
قَهوتي سَادة حتّى لا أسيدُ على أو أسيءُ لأحَدْ

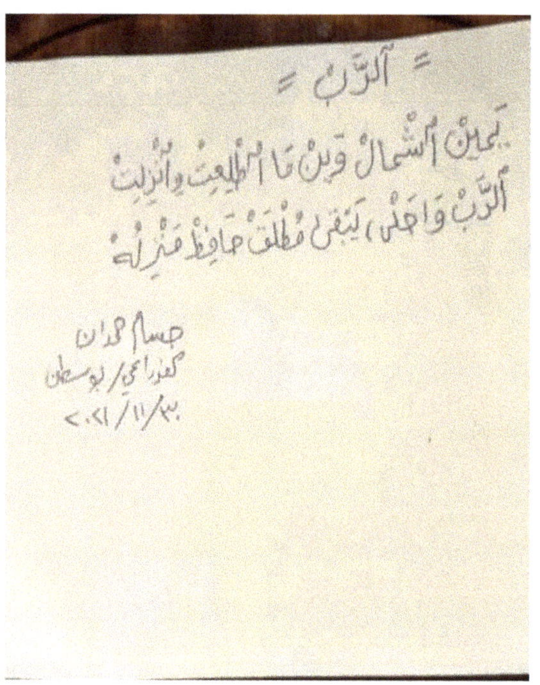

الـرَّب

يَمِينْ اشمالْ ...وَينْ مَا طْلَعتْ وانْزِلتْ
الّربْ وَاحَدْ يَبْقى مُطْلَقْ حَافِظْ مَنْزِلُهْ

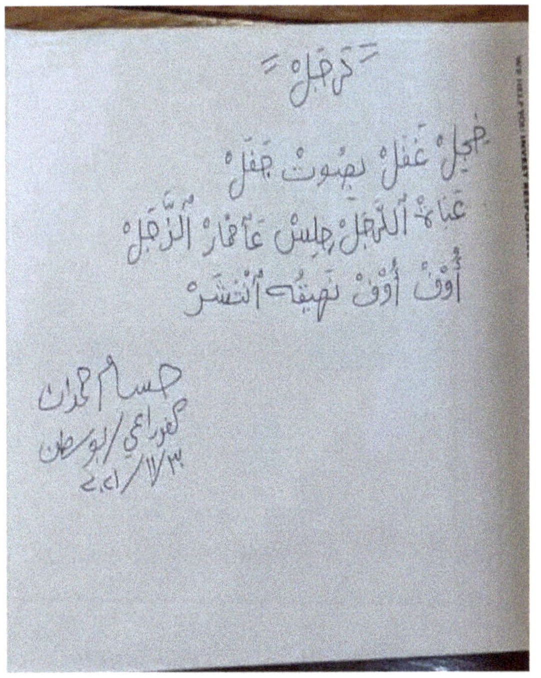

دَجَـــل

خجِلْ غَفَلْ بِصُوتْ جَفَلْ
عَبَاةُ الرَّجَلْ حلسْ عَاحمارْ الزَّجَلْ
أوفْ أوفْ نَهيقُه انْتشَرْ

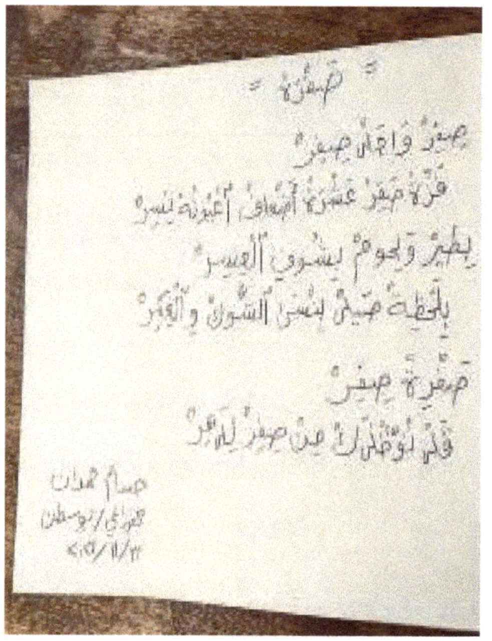

صَفْـــرَة

صفر ...وَاحَد صفر
فَزَّةَ صَقِرْ عَشّرة أضعافْ اعْيُونه نِسِرْ
بطيرْ يِحومْ بِشُوف العِسِرْ
بِلَحْظَه صيد بِنْسَى الشوك والعكر
صَفْرَة ...صِفِرْ
قَدْ تُوخَذك مِنْ صِفِرْ لِدَهِرْ..

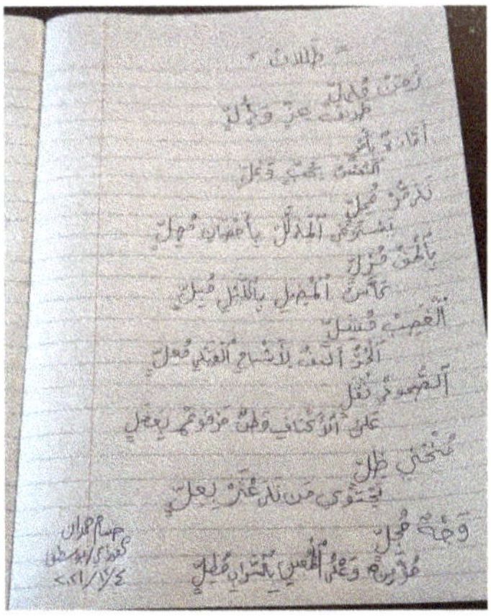

طَـــــلان

زَمَن مُدِلّ

طَريق عِزٍّ وَذِلّ

أمّارة بأمْر

النَفْس بِحُب وِغِلّ

تَذَمُّر مُمِلّ يَسْترخي المُدَلَّل بأحْضَان مُهَلّ

بالحقَ مَزِل

كأْس المُضِل بالليْل مُبِلّ

الغَصبْ مشِلّ

الحُر أليفٌ لأشباح العيد مُعِلّ

الصمودْ ثقَل

عَلى الأكتاف وطن مرفوعٌ بِعِضَلِ.

مُنْحَنى ظلّ

يَحْتوي مَن تَدَعْثرَ يعِلّ

وجْه مُجِلٌّ ..

مُؤْمِن وَعْدُ المعين بالسَّراب مُطِلّ

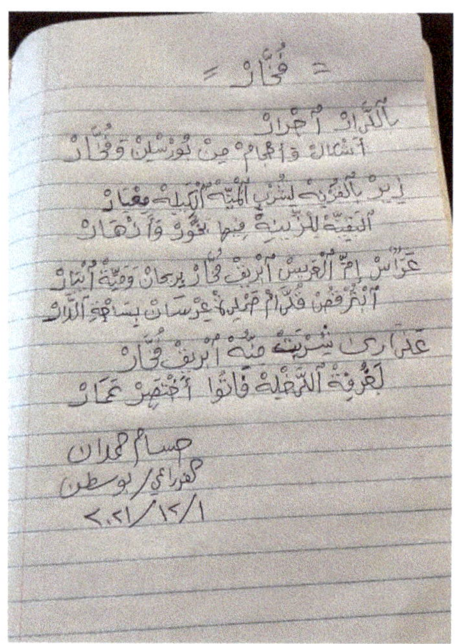

فُخَّـــــار

بِالدَّارِ اجرَارْ
اشْكَالْ وَاحجَامْ مِنْ بُورْسِلانْ وَفخَّارْ
زِيرْ بِالقُرنهْ لِشْرِبِ المِيَّهْ الْكَيلهْ مِعْيَارْ
البَقِيهْ لِلزَّينهْ فِيها بَحُورْ وَازْهَارْ
عَرَأسْ امَّ الْعَرِيسْ ابرِيقْ فخَّارْ بِريحانْ ومِيه ...ابيَارْابتُرْقُصْ قُدَّامْ
صَمْدةْ عَرسَانْ بِسَاحةْ الدَّارْ
عَذَارى شِرْبِتْ مِنهُ ابرِيقْ فُخَّارْ
لِغُرِفةْ الدَّخْلهْ فاتَوا ...أختصرِ عَمَّارْ

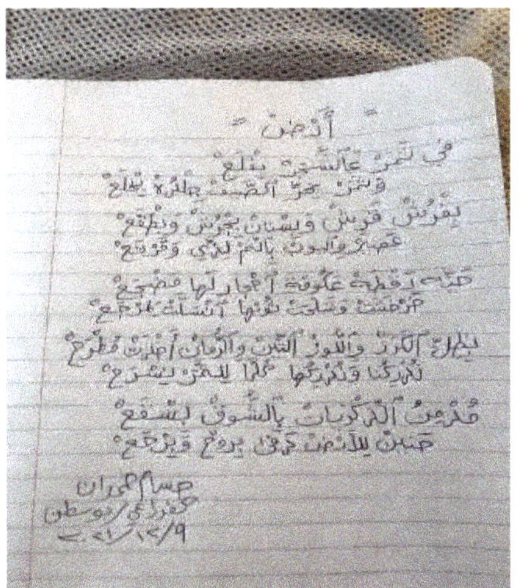

أرْض

في ثَمَرْ عَالشَّجَرْ مفْلَعْ

وثَمَرْ بحَرّ الصَّيف جلْدَه بْخْلَعْ

بقُرُشْ قَرِشْ وَبِسنان بجِرِشْ وَبطْقَعْ

عَصِيرُ والبّوبْ بالثّم لذّي وَمِرتَعْ

حَيّه رقْطَهْ عَكُومَة أحْجارْ لهَا مَضْجَعْ

خَرْخَشَتْ وَشَلحِت ثُوبها انْسلتْ لِمرجَعْ

بِظلِّ الكَرزِ واللوز والتّين والرّمانْ أخَذتَ مُطرَحْ

تُدركُنا ونُدركُها كُلمَّا للثمرْ نِسرَحْ

مُدْمِنْ الذّكْرَيات بالشّوقْ بسقَعْ

حِنينْ الأرْض دَفى بِروحْ وبِرْجَعْ

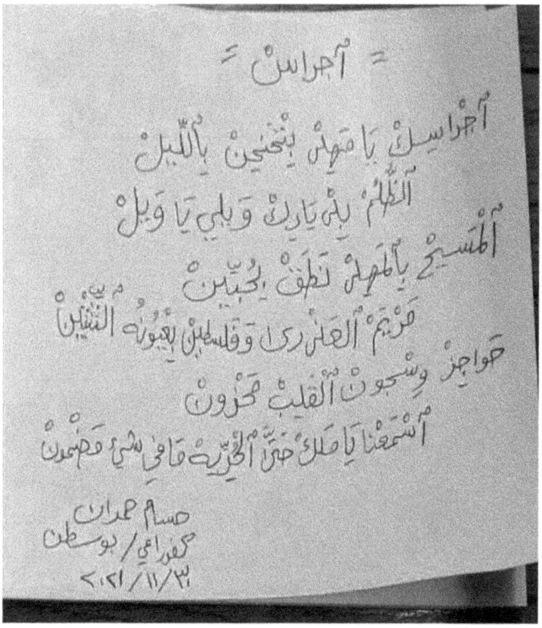

اجْـــرَاسْ

اجراسكْ يَامَهْدْ بِتْحَنحنْ بْالّليل
الظّلَمْ بِدْيَاركْ وِيلي ويَاويلْ
المَسِيحْ بْالمَهْدْ نَطَقْ بِحُبّينْ.
مَرْيَم العَذْرى وَفَلسطين بِعْيونُه الثُنتْينْ.

حَواجِزْ وِسْجونْ الْقَلبْ مَحْزونْ

اسْمَعْنا يَامَلكْ حَتّى الحُرّيهْ مَايِفْ
شي مَضْمونْ

تَانْجــــو Tango

الْقي رَأَسَكْ وَنَامي عَلْعِشْبِ النَّاجي بِصدرهْ

أَصَابِعْ ايْديهْ بين شَعْرك قيثَارهْ

بِنَبْضَاة قَلْبُهْ

بِحُبك

بِحُبكش ...

بِحبك..

رَقصَأَت تَانْجو

بين رَاسكْ وَقَلْبَهْ

غَرامُ مَراحْ وَجَدَهُمْ بِالاحْضَانِ نِياماً شِفَّهْ عَشِقُّهْ

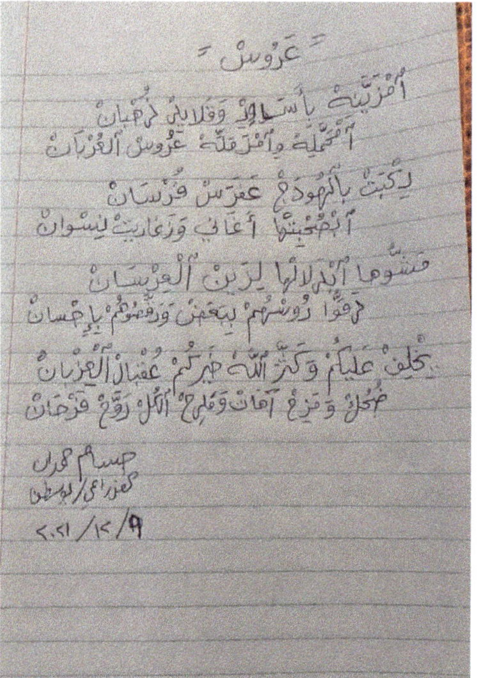

عَـــرُوسْ

امزيَنه بأساور وَقَلايد ذُهبان

امحمله وأمْزَمِلْهْ عَرُوس العربان

ركبَت بالهُودج عَفَرس فُرسَان ابصُحبتها أغاني وَزَغاريت نِسوان

مَشوها ابدْلالها لزَين العرسان

دقُّوا رُوسهُم بِبعَض ورقَصهم بأحسان

يخلف عَليكُم وكثّر الله خَيركُم عُقبالْ العْزبانْ

ضُحُكْ وُمَزح أُهاتْ وَمَدِح

الكُل روُحْ فَرْحَانْ

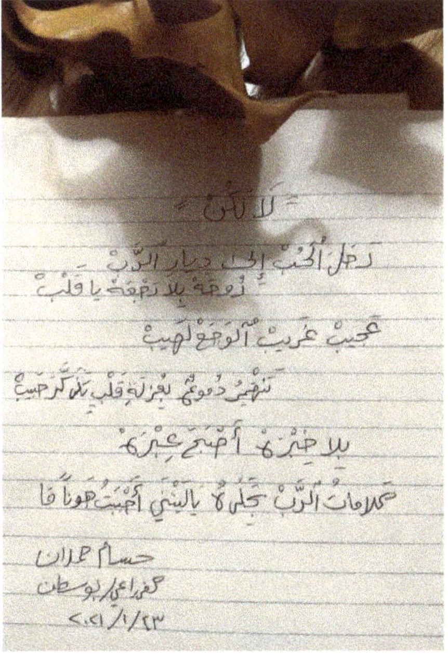

لا تَكُـــــنْ

دَخَلَ الحُبْ الى ديار الرّبْ

رُوحَهْ بِلا رَجْعَهْ ياقَلْبْ

عَجيبْ غَريبْ الوَجَعْ لَهيبْ

تَنهمرُ دُموعُ بِعُزلَة قَلْبْ

تَذَكَّرَ حبيبْ

بِلا خبَرَهْ

اصبَحَ عِبْرَه علاماتُ الربَّ تَجِدهُ

ياليتْنَي احْببتُ هوناً مَا

خِـــدْاع

قَلْبُ المُخَدِّع يَنْبِضُ بِلاَ تَقْوى

لَا ولَنْ يُدْرِكُ المَعْنَى بِلَا مَأوى

لِيَثُورْ وَيَدُورُ مُلَثَّم بِيقين وجدوى

ادرى بِدَاره يدور الحر بلا عشوى

لك الشمس تتعرى وتتزيت عشط مكرى

له الظلامُ يتسَلَل بأزقة الْفدى بِلَا شَكْوى

جِلَدْ تمْساح عَلْميهَ يطْفوا كَمين لا سَلام بمَعنى

تخوضُ كَلِمة حَقٌّ يغوص لعظام شتى

شَط مُسْتعْمَرة جَديدة لَهُ مُسْتَلقى

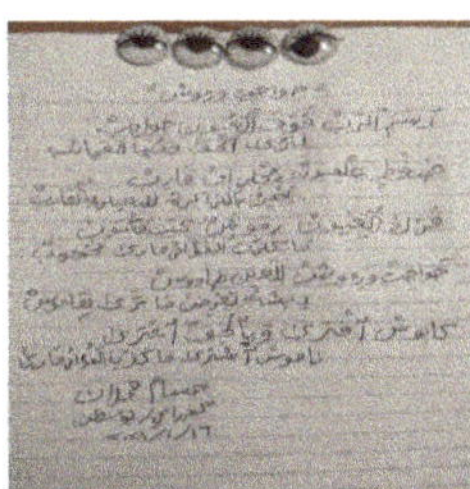

حَـواجِـب ورمُـوشْ

رَسَمَ الرّب فوق العيون حواجب

لترى الحق ودنيا العجائب

ضغط علعيون مجداف قارب

يَبحِر بالذاكره للبعيد والقارب

فَرّكُ العيونْ رموشُ كتبَت مَكتَوبْ

ماكذب الفؤاد مارأى محْجوبْ

حَواجب ورموشْ للعين طاووسْ

رِيشهُ تَعرِضُ مَاترى بقاموسْ

كابوس افترى وبالحق اعترى

ناموسْ اشترى مَاكَذّبَ الفُؤاد ومَا رأى

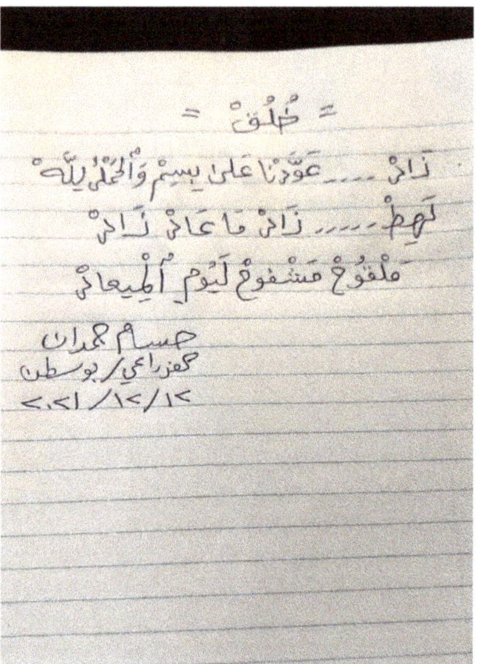

خُـــلُـــق

زَادْ عَوَّدْنَا عَلَى بِسِمْ وَالحَمْدُ لِلّٰهْ
لَهْطْ زَادْ مَاعَادْ زَادْ
مَلْقُوحْ مَشْفُوحْ لَيِومِ المِيعَادْ

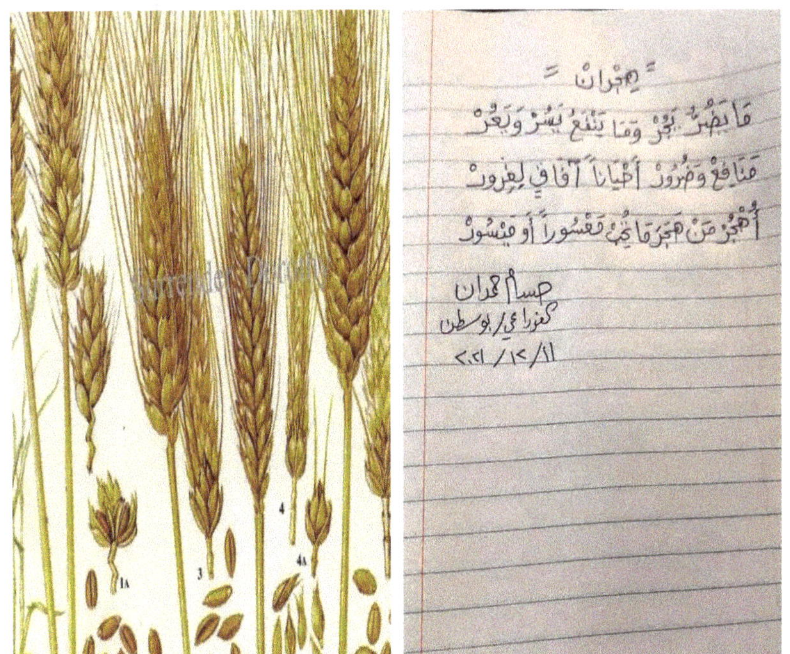

هِجْـران

مَا يَضُرُّ يَجُرْ   وَمَا يَنْفَعْ يَسُرْ وَيَعُرْ

مَنَافِعْ وَضُرورْ
احْيَاناً افَاقْ لغرورْ
اهْجُرْ مَنْ هجرَ مَا تُحِبّ
مَعْسُوراً
أو مَيْسُورْ

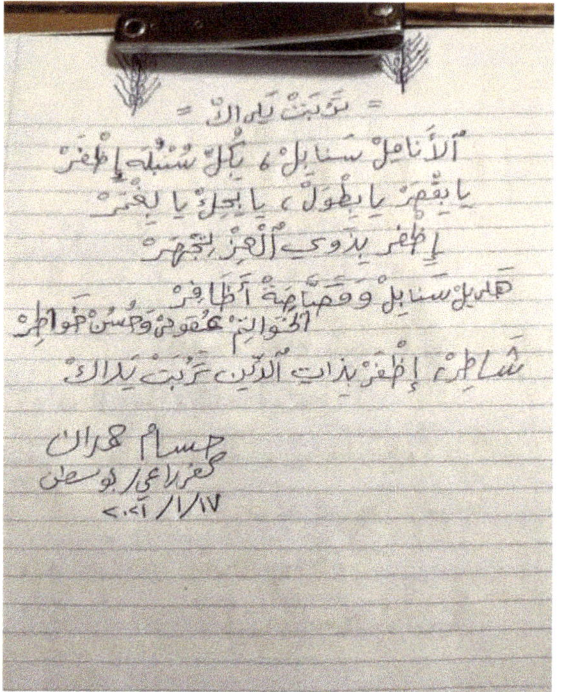

تربت يداك

الأَنَامِلْ سَنَابِلْ بِكُلّ سُنْبُلَه اظْفَرْ

يا بِقْصَرْ يا بِطُولْ يا بِحكْ يا بِغمرَ اظفرَ بِذَوِي العْزْ تِجْهَرْ

هَدِيلْ سَنَابِلْ وَقَصَّاصَة اظَافِرْ

الخَواتِمْ عُقُودْ وَحُسْنْ خَواطِرْ

شَاطِرْ اظْفَرْ بِذَاتْ الدّين

تَرُبَتْ يَداكْ

كَنْـــزُ الله

صَبْراً لا تَقْطِفْ الثَّمَرَ عَجْراً يامَنْ دُعاءِ شَرَحَ بِالْفَجرِ صَدْراً

هِدايَةُ اللّه كِنْزٌ عَلَارْضِ قَدْراً

أَبْحَثْ عَنْهُ بِطاعَةٍ وِصالٍ لَيسَ هَجْراً

سَتَجِدُهَ فُوقَ الْمُصَلى هاتِفاً اللّه اكْبَرَ

رُكوعٍ وسَجُودْ نَاصيكَ نُور يَشِعُ اكْثَرْ

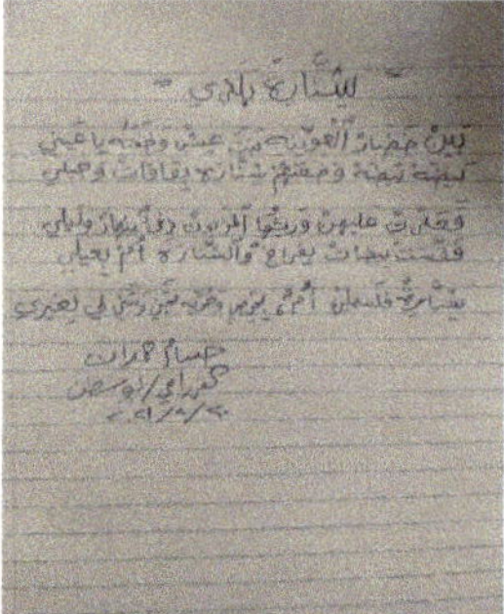

شنَارة بلدي

بَيْنْ خَضَارِ العُوِّينة بَنَتْ عش وَخَفّتُه ياعَيني .
بيضَه بَيضَه وَضَعتهم شِنَارَة بِقاقاتْ وَحيلي

قَعَدَتْ عَليهنْ وريشُها المَزيونْ دفئ بنهارْ وَلَيلي
فَقَسَتْ بيضاتْ بفراخْ والشنَارَه امْ بعيلي
شِنَارَةْ فَلَسطين أمْ بِحرصٍ وَحُرِّية تَجني وَتبني لي ولِغيري

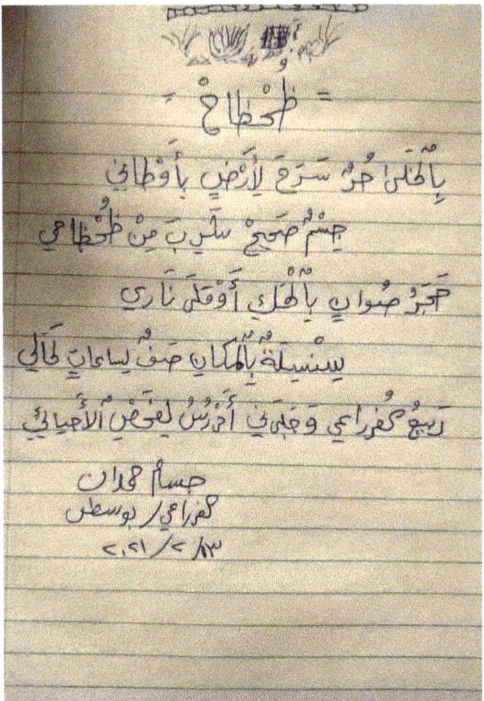

ظُحْظَاحْ

بِالْخَلا حُرُ سَرَحَ الْأرْضِ بِأوْطانِي
جِسْمُ صَحِيحْ شَرِبَ مِنْ ظُحْظَاحِي
حَجَرُ صُوانٍ بِالْحَكِ اوْقَدَ نَارِي
سِنْسِلَة بِالمكانِ صَفْ لِساعاتٍ لَحَالِي
رَبِيعُ كُفر راعِي وَجَدَنِي أدْرسُ لِفحصِ

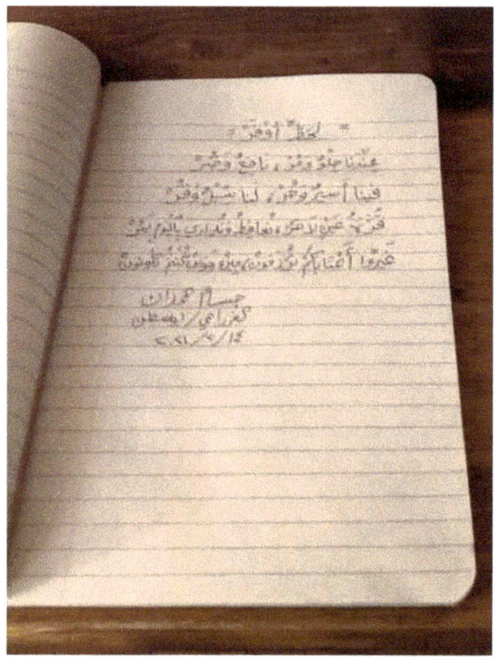

لِحــظٍّ أُوْفَــرْ

عَنْدْنا حِلْوُ وَمُرْ

نَافِعُ وَضُرّ

فِينا أَسِيرُ وَحُرّ

لَنا شِبْلُ وَقُرّ

قُرةْ عَينٍ لا تَسر نعاقط. ونُداري بالْيوَم يَمُرْ

غَيرُوا اعْتابكَم تُرْزَقُونْ

مِين ووِينْ كُنْتُم تكُونونْ

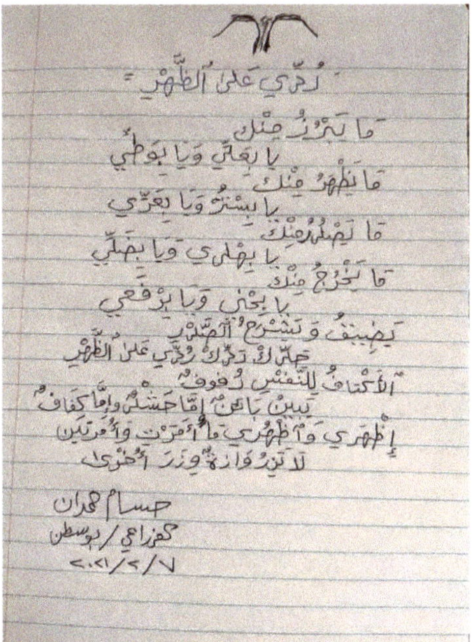

رُدِّي عَلـــى الظُّهـــرِ

مَا يَبْرُزُ مِنْك يا بعْلِي يا بوطِي

مَا يظْهَرُ مِنْكَ يا بسترو يَا بعرِّي

مَا يَخْرُجُ مِنْك يا بهْدي وَيا بضَلِّي

يَضِيقُ وَتَشْرح الصَّدْرَ حدُّك بائن أمَّا حَشْد وامَّا كِفَاف

اظْهَري واظْهُري ما أمَرْت وامرتين

لَا تزِرُ وازِرة وِزَرَ أخُرى

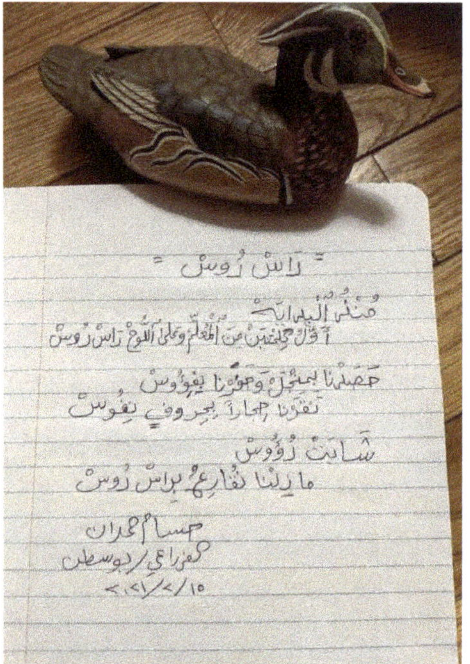

رَاسْ رُوسْ

منذ البداية اول كلمتين مِنَ المُعلّمْ .
على اللوح رَاسْ رُوسْ
حَصَدْنا بمِنْجَلْ وَحَفَرْنا بِفؤُوسْ
نقُرنْا حجاراً بحروف نفوس
شَابَتْ رُؤُوسْ
ما زِلْنا نُقارِعُ براسْ رُوسْ

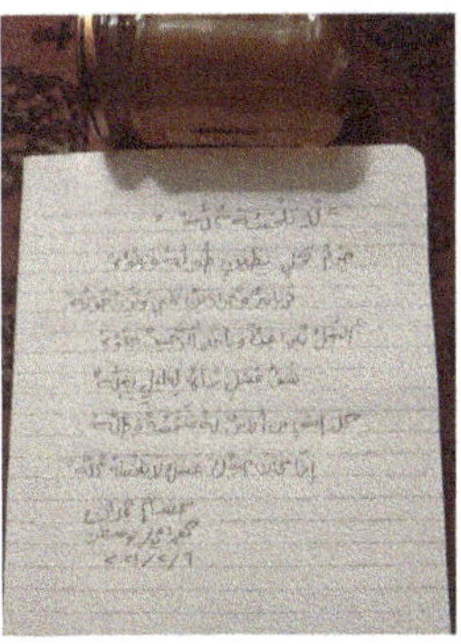

لا تلحسه كله

جرم نحل بطين طُولُهْ وَعِلْوُهْ
دَبابيرْ وَجَرادينْ تَحبي وَتِزِنّ حَوْلُهْ
النّحلُ يُداعِبُ وَياخُد الرّحيق

حلوه
شَفُ عَسَل بِناهُ لِعليل بِعلُّهْ
كل انسٍ من إنس لَهُ شَمْسُهْ وَظلُّهْ
اذا كَان حَبيُبِكَ عَسَل لا تَلحَسُهْ كُلُّهْ

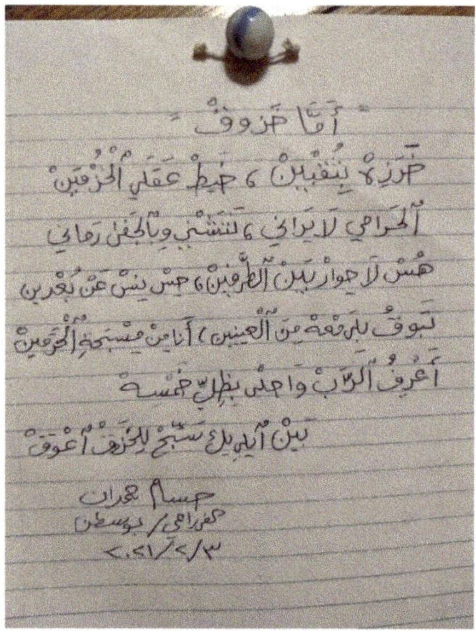

أمَّـا خَـزوق

خَرَزِهْ بِثُقْبِيْن خَيطْ عَقد الْخُزْقِين
الْحَرامي لَا يَراني
نَتتشَني بالجَفى رَماني
هُسْ... لَا حِوارْ بَين الطَّرفِين
حِسْ... نِسْ عَنْ بَعدِين
تَبوقْ بِدَمْعَهْ مِنَ الْعِينِين
أنا مِنْ مسْبَحهْ الْحَرمَيْن
اعِرفْ الرَّبّ واحدْ بِظِلٍّ خَمْسَهْ
بَينْ ايدِيكْ سَبِّحْ لِلخَزوقْ اعوقْ

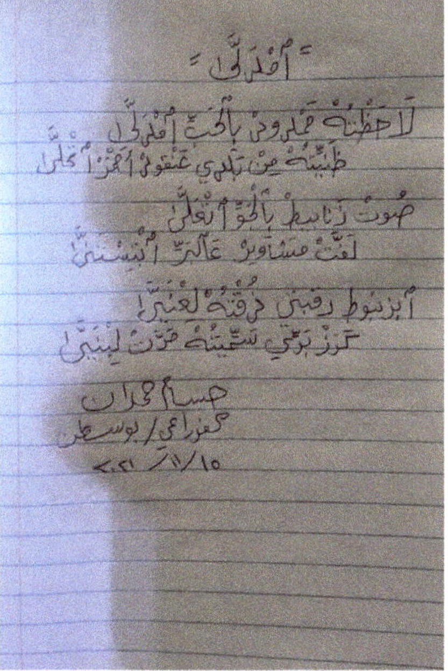

امْدَّلـــى

لاحظته ممدود بالحب امدلى
طَينَتهْ مِنْ بَلَدي عَنْقودْ أحمْر تْحلا

صُوتْ زَنابيطْ بالْجَوْ تْعَلّى
لَفَّتْ مشاويرْ عالبَرّ ابْتستَنّى
ابزنَبوط رقبتي ذُقْتهُ لعَينيَّ
كَرْزْ بَرِّي سَمَّيتُهْ مَرّتْ لبْنَيَّ..

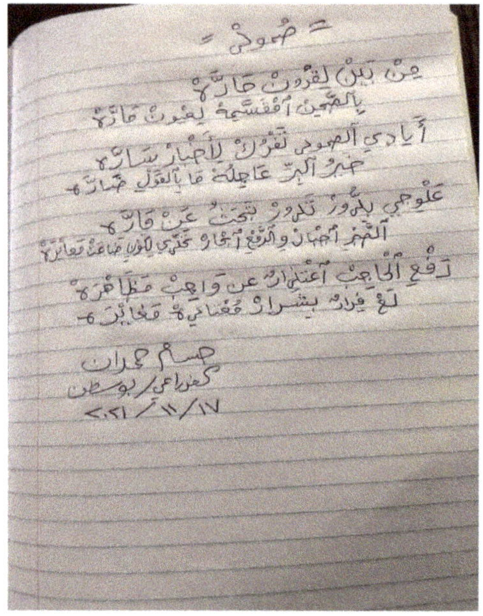

صُمـــودْ

مِنْ بَينْ لقْرونْ ماره

بِالصّحنْ امْقسّمهْ لعْيونْ حَارّةْ

ايادي الصمود تَفْرُكَ لاخْبارْ سَارُه

خيرُ البِرّ عَاجَلُه مَا بالقَولْ..ضَارُّه

عَلُوجي بدّوَر تدور تبحث عن قارة

الصّبرِ جبَالْ والدّمع ابحْارْ..

تحدي لكون ضاعتْ معَايرَة

رفع الحاجب اعتذارْ عن واجب مظاهره

لغ فرارْ بشرارْ...معتاده مغايره

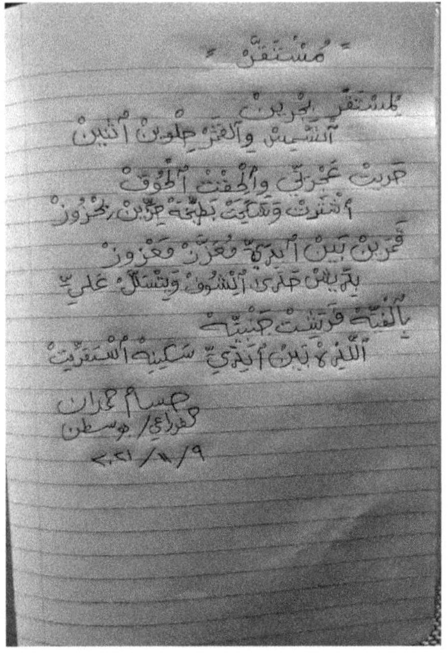

مُسْتَقَّــــر

لِمِسْتَقَرٍ بِجْرِينْ الشْمِسْ والقَمَرْ حِلوينْ اثْنِينْ

جريت عجريي...ولحقت إلحوق

اشْتَريتْ وشَكحتْ بطيَّخه حزّينْ بِحْزُوزْ

قَمرينْ بِين ايدَيْ مُعزَّزْ ومعْزوزْ

بِدِّيشْ حَدَى ايشُوفْ بتْسَلَّلْ علِيٌ

بالْفِيَهْ فَرَشتْ جنْبيَّهْ

اللّذه بَينْ ايدَيٌ

سَكِينهْ اسْتقرّيتْ

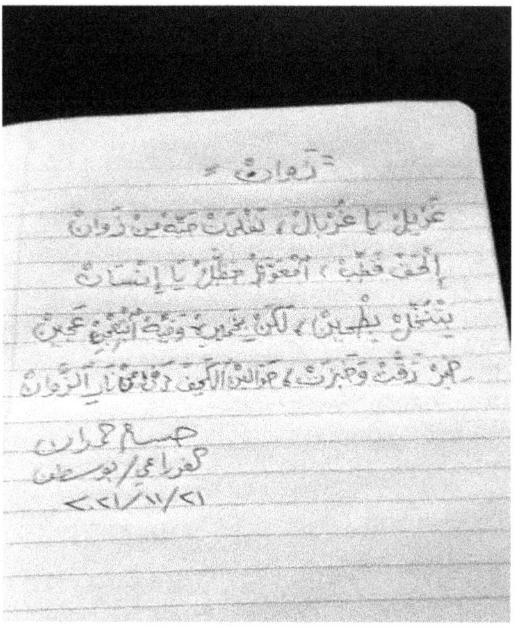

زوان

غَرْبِلْ يَاغُرْبَالْ نَفْدَتْ حَبُّه مِنْ زَوَانْ

الْحَقْ قَطِّبْ امْعَوَّظْ حَظَّكْ يا انْسَانْ

بتْنَخُّلْ بِطْحِينْ لَكَنْ بِخَمِيرِةْ مَيِّه

بتِعجِنْ عَجِينْ

خمِرْ ...

رَقِّتْ ..وَخَبَزَتْ

حَوالِينْ الْكَحِفْ

دَفِى مِنْ نَارِ

الزَّوانْ..

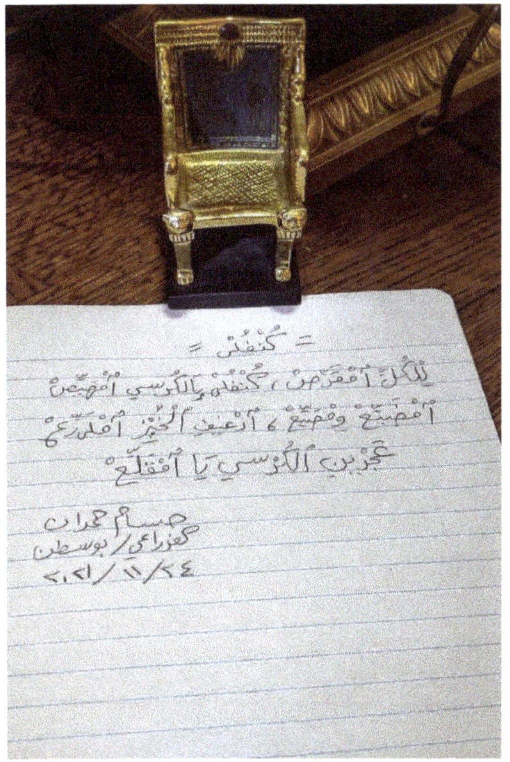

كُنْفُــــذْ

لْلكُلِّ امْقَرَّصْ كُنْفُذْ بالكُرسي امْهيَّصْ
امْضَيَّعْ ومْصَيَّعْ ...ارْغيف الخُبِزْ امْدَرَّعْ
عَجْرِين الكُرْسي يَا امْقَلَّعْ

قَول مُتداوَل بكُفر راعي:

جَاجَة (دجاجة) حَفرتْ على راسها عَفرَتْ

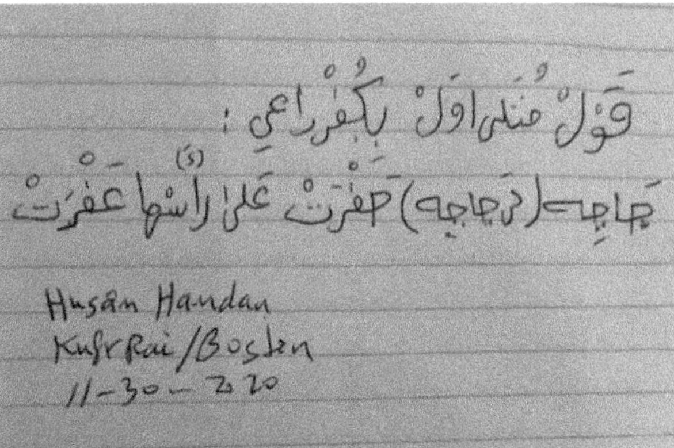
قَوْلٌ مُتَّصِلٌ أوَّلَ بِكُفْرِرامِي:
حاجِها (دَجاجِها) حَفَرَتْ على راسْها عَفَرَتْ
Husâm Hamdan
Kufr Rai / Boston
11-30-2020

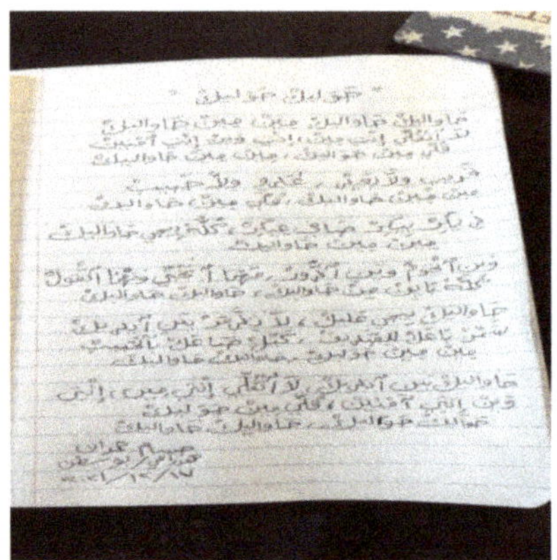

حواليك حواليك

حَوَاليكْ حَوَاليكْ مِينْ مِينْ حَوَاليكْ

لا اتقولي إنتي مين

انْتَ وِينْ أنْتَ مْنينْ قلِّي مِينْ حَوَاليكْ مِينْ مِينْ حَوَاليكْ

قَريبٍ ولّا بعَيدْ عَدوٍ والّا حبيبْ مِينْ مِينْ حَاوَاليكْ قلِّي مِينْ حَوَاليكْ

ذيكر وبِيكرْ...صافِّ عيكرْ كُلُّه بِيجي حَواليكْ

مِينْ مِينْ حَوَاليكْ

وِينَ ا تْحومْ وِينَ ادُورْ مَهْمَا اتْخَبِّي ومهْمَا اتْقولْ

كُلُّه بَاينْ مِنْ حَاوَاليكْ ..حَاوَاليكْ حَاوَاليكْ

حواليك بيجي عليك لا تتذمر بين إيديك

شَمِّرْ بَاعَكْ للصَّديق كيْل صَاعَكْ بالحبيب

مِينْ مِينْ حَوَاليكْ ..حَاوَاليكْ حَاوَاليكْ

حَاوَاليكْ بَينْ ايديكْ لاتُقلّي إنتي امنين .. إنتِي وين ...أنتِي ..امنْينْ.

قلي مين حواليك

حَوَاليكْ حَوَاليكْ

حواليك حواليك

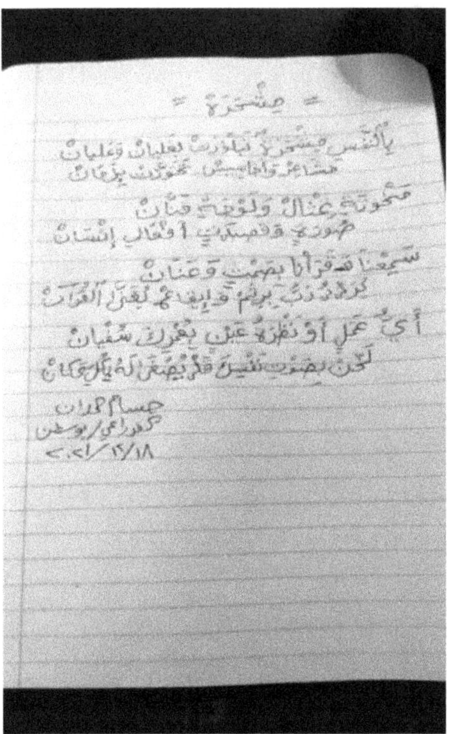

مِشْحَرَه

بِالنَّفْسِ مِشْحَره تَبْلُوَرتْ بِغَلِيانْ وَعَلِيانْ

مَشَاعِرْ وَاحَاسِيس تَحَوَّرتْ بِزَمَانْ

منحوتة تَمْثَال وَلَوْحة فَنَّانْ

صُورَة وَقَصِيدَة افْعَال انْسَانْ

سَمِعْنَا وقَرَأْنا بِصَمْت وَعَنَانْ يِغَنِّي الْقُرآنْ

يُرَدِّد رَب برِثْم وايقاعْ .. أيْ عَمَل أو نَظْرَةُ عَيْن بِعُمرِكَ سُفْيانْ

لَحِّنْ بِصَوْتِ نَفْسِكَ قَدْ يِصْغَى لَهُ بِكُلّ مَكانْ

 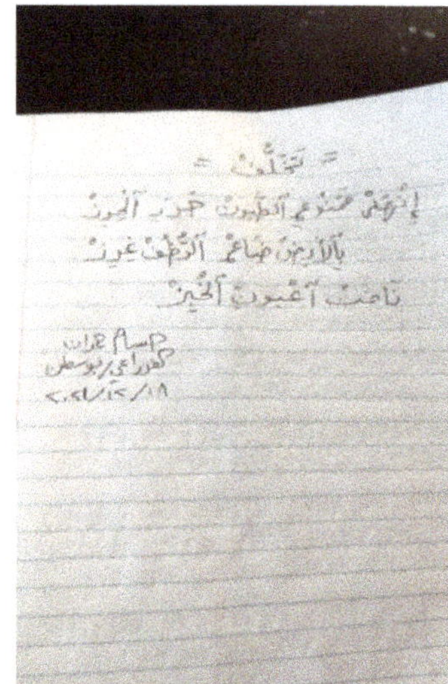

تَخَلُّـــفٌ

إنّهَدْ
مَمْنُوعِ الطُّبونْ حَزَرِ الْحِرِزْ
بِالأَرْضْ ضَاعْ ..الرُّظُفْ غِرِزْ
نَامَتْ اعْيونْ الْخُبِزْ

أغنى شيء بالعلاقة هي الثقه، حيث أنها لا تعطى ولكن تكسب. ثقة الشخص لنفسه اقوى ردع وتحكم بنفسه الأماره بالسوء. الثقه درجه من الإيمان تؤدي إلى سكينه واطمئنان.الرب اعطى وجوده اسم الغني من مصدر الثقه بكيانه أنه قادر على كل شيء فقد يقبض أو يبسط الرزق لمن يشاء بأي زمان ومكان - فالتوكل عليه ثقه. لذلك جاء قول الرشيد للرشد«ما غنى الا غنى النفس».

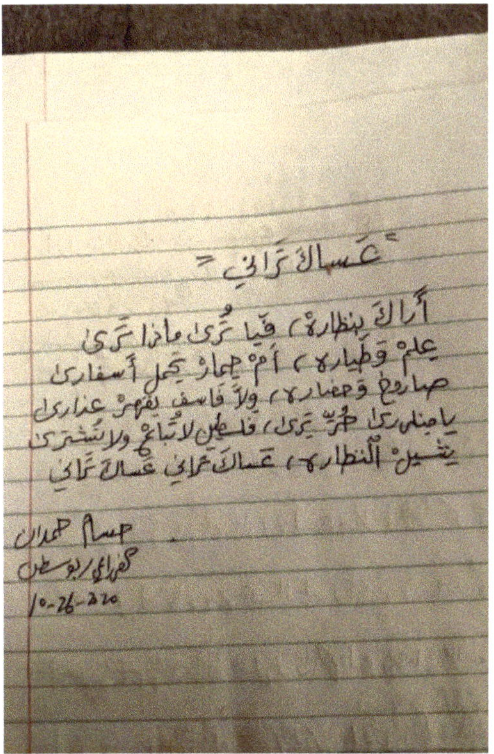

عَسَاك تَراني

أراكَ بِنظاره فَيا تُرى ماذا تَرى

عِلمْ وَطَياره امْ حِمارْ يحمل أسفارى

صاروخ وَحضاره ولًا فاسق يقهرْ عذارى

يامِندرى حُرٍ يرى فلسطين لا تُباعْ ولا تُشترى

يِشيلْ النظاره عَساك تَراني عساك تَراني

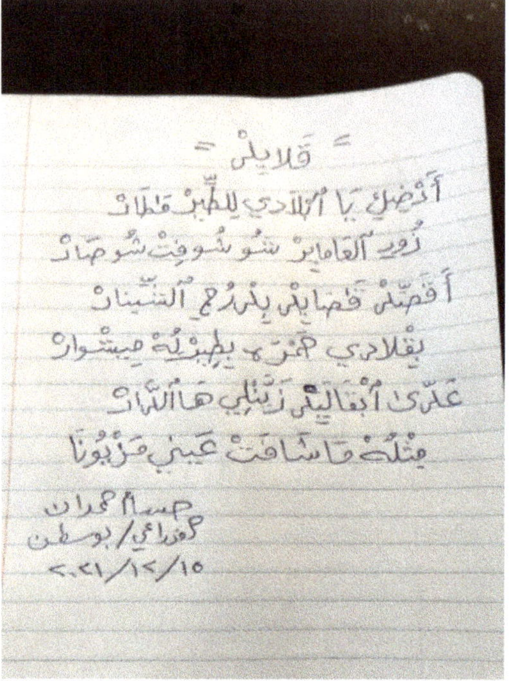

قَلَايِـــدْ

ارْضَك يَا ابْلَادِي للطَّيرْ مَطَارْ
زُورِ الْعَامَايرْ شُو شُوفِتْ شُو صَارْ
اقْصُدْ قَصَايدْ بدْرُج الشِّنيَارْ
بِقْلادِي حَمْرَه بطَيرْ لُه مشْوَارْ
عَدَّى ابْقَالِيدْ زَيِّنْلِي هَا الدَّارْ

مِثْلُه مَا شَافَتْ عَيْني مَزْيُونَا

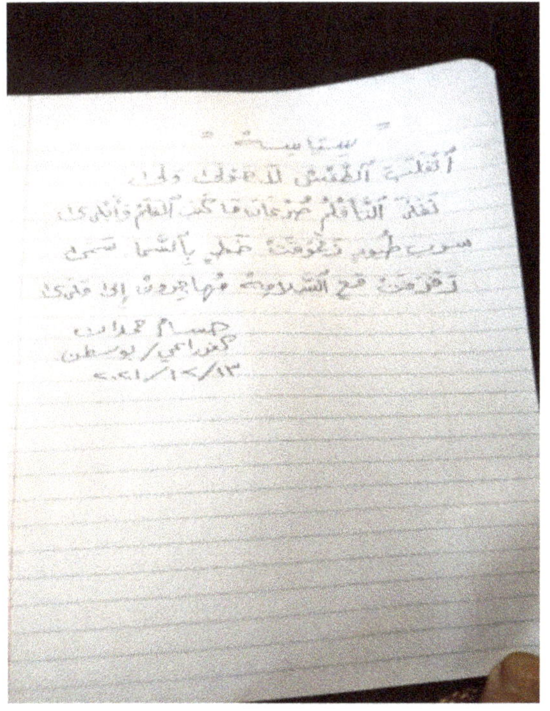

سِيَاســـة

أْتَقَلَّبَ الطَّقْسُ لَا حَوْلَي وَلى
نَفَذَ التَّأَقْلُم صُرْعَان مَا
كَتَبَ القَلَمُ وابْدى
سربٌ طُيورٍ زَعْوَقَتْ خَطِ بِالسَّما سَمَى.
رَفْرَفَتْ مَع الَّسلامه مُهاجِرونْ الى مَدَى

كَمَّامَــــة البَقَـــاء

لَا بزورْ وَلَا بنْزارْ رُوتين بحَذَفْ واخْتِصارْ

القَريبُ بعَيْن الإعتِبارْ البعَيدْ قَدرُهُ بِمعْيارْ
سِراعُ للبَقَاءْ حَياةُ بِقناعٍ زُورو
وَفَانْتَم الابرَى تُدَاري
كُورونا لتكملة المشوار

هَـرْولَّــة يا سَقــف الحِـيطْ

نُدْركُ الواقع ونِمَتعه بِغيُر معقولْ

ندور بدائرة وينك يلحلول

قطَار الزمَن غَادُر المَحطه عجول

صفير يطرشنا بخيبة وارده خجولْ

قَعْدونْ أمقعَد وبالواقِعْ بتحدق مْحتالَ

ديات عخدود هَرْولَّهْ يا سقف الحيط بحلول

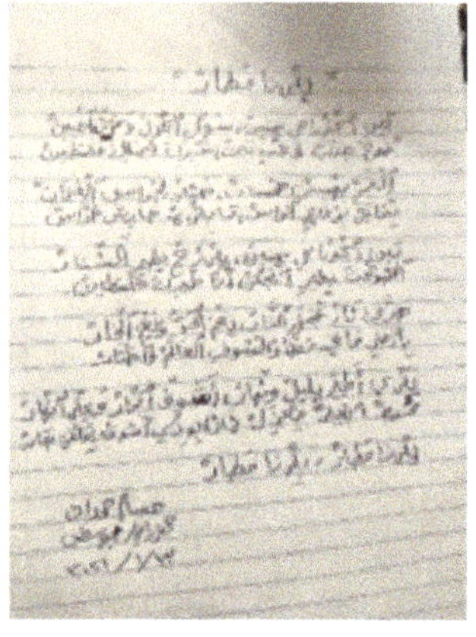

بِدْنَـا مَطَـــارْ

بَينِ كَفَر راعي جنين   سهل اتلال وعرق اجبين

خوخ عنبِ وحب تِين   خيرِكَ اصلكَ فلَسطين

القَمح بهمسِ همسِات   حيد اجراس الغنمات

بتمايل برفع الراس مابده حارس حراس

بين كفر راعي جنين   بدرج يطير الشنار

جمَبوجت بطير ابجَد أنا طيرك فلَسطينْ

هدى ثار عجبل النَار نَعم الحُر ونعم الجار

ماﻲﮞ قطار لُشوف العَالَم واختَار

بَدي أطير بِلَيلَ ونَهار أشوف بحار واعَد انهَار

مُحيط ابعَيد معزل دار   بودَي أشوفِهْ بملقىْ حِار ...بدنا مطار

قبل اشويه اصحيت من منامي، اربعه الصبح منتظرا الفجر ليحلوا كلام لساني. يا مولج الليل ﻲﮞ النهار ومولج النهار ﻲﮞ الليل إنها الجمعه، إجعلها مباركه للحياة والعيش بدفئ وحناني.

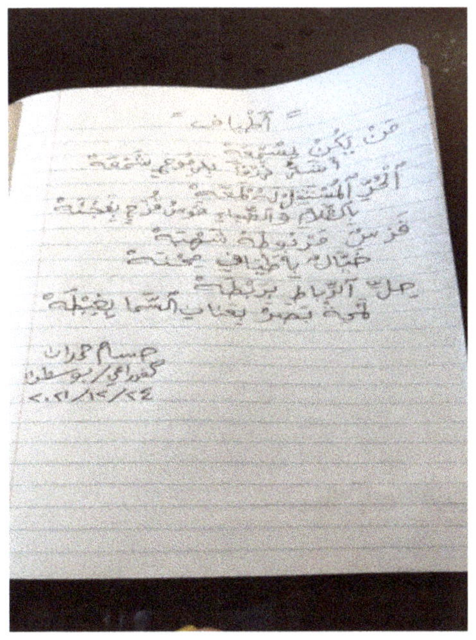

أطْيَـــاف

مَنْ يكُنْ بِسُمْعَهْ اشَد ذرفاً بِدِمُوعِ شمَعه
الحرُ لمستقل له لمعه.
بِالظَلامِ والضياءِ قَوسُ قُزح بِفَجْئَهْ
فرس مربوطة مربوطة شهبة

خيال بأطياف محنة
حلِّ الرِّباط بِرِبْطهْ
لَمِحة بَصرْ بِعَنانَ السَّما بِغبْطهَ

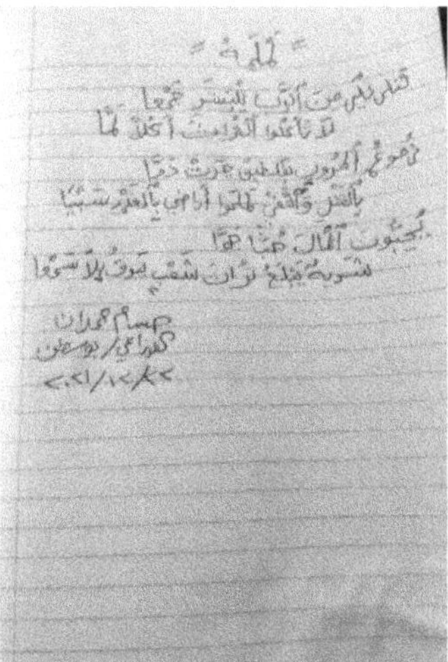

لَمْلَمَـــة

تَنذير مِنَ الرَّب لِلْبَشَر جَمْعاً
لَا تَأكُلوا التُّراثَ اكْلاً لِمّا
دمُوعُ الحُروب بِفَلسطينْ جَرتْ دمّاً
بالقَتْل والنفيْ لَمْلَموا اراضِي بالغَدَرْ سَبْيَاً
يحبُّونَ المْالَ حُبّا جمّا
شَريهُ يبلع تُراثَ شَعْبِ يبوق بِلاَ سَمْعا.

إن كان الإسلام لك دين، وعد الرحمن بالقران لكم دينكم ولي دين.
تطبيق وإحسان، كما تدين تدان.
يصادف اليوم عيد المسيح المجيد، كل عام والمسيحيين الكرام بخير
وعافيه. حريه واستقلال فلسطين تناشدكم، بعيدكم ادعموها وادعوا
لها من الوجدان.

May it be a freely festive and a proud Eid.

Merry Christmas.

فَضَــــاء

كَسَادْ يِعُودْ وينْعَادْ بالبْلادْ

كَلاَمُ الحُر صخورِ بِالوَادْ

سَوَاعِد قصيرة واكتاف نحيله معاذ

مِينْ حَيسمع وينقل أعيد أرض الميعاد

ثَمود المُعَاصِرْ عَفيسْبُوكْ وتويتر مُحَاصَرْ مُحَاصِرْ

اتْوتيسْ وبوستس قَدْ تَحرك عقولْ لن يحرر

وتِقلبْ صخور محاجر

بِدُونَكْ جسمِ جسورْ وَعَقل بنور إرادة غيور

سيَبْقى ثَمُود مِزاجِي لَنْ يُحَرّرْ وَيبني بلادي بَفضَاءٍ يِدور

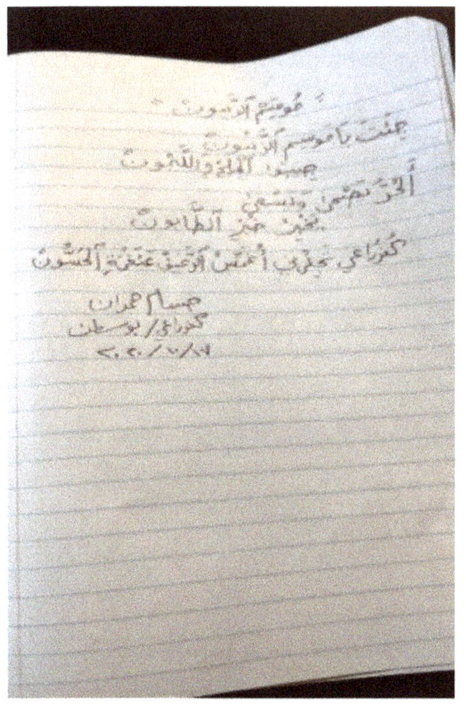

مَوسِــــم الزَّيتُــــون

جئت ياموسم الزيتون
جيبو المِلحْ والليَمْونْ
الحُر بيصحى وَسَعى
يخبزُ خبزَ الطَّابونْ
كُفر راعي تَجدُني اغْمِس
الرغيف عَنَغمِة الحسُّونْ

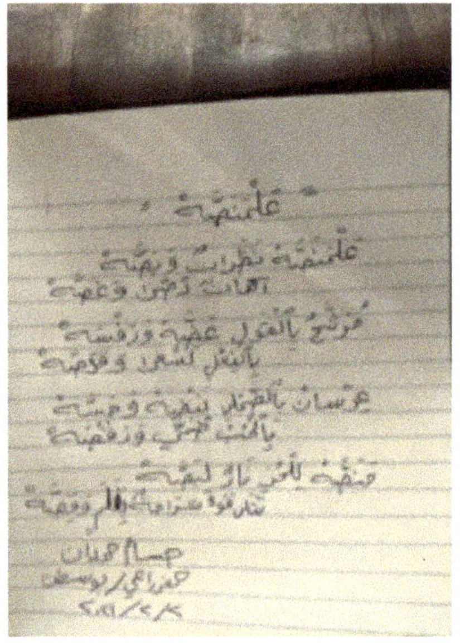

عالمَنَصَّـــــة

عالمَنَصّهْ نَظَراتٌ وَبَصّهْ
آهاتً رَضّى وغَصّهْ
مُرَشَّحٌ بِالْقول عضّة ورَفسهْ
بالْفعل لسعى وقرصه
عرسان بالصمد نبضه وجيه
بالحب ضمي ورقصه
منصّه للحز نار لبصّه
تتدفؤ سراجه بقلم وقصه

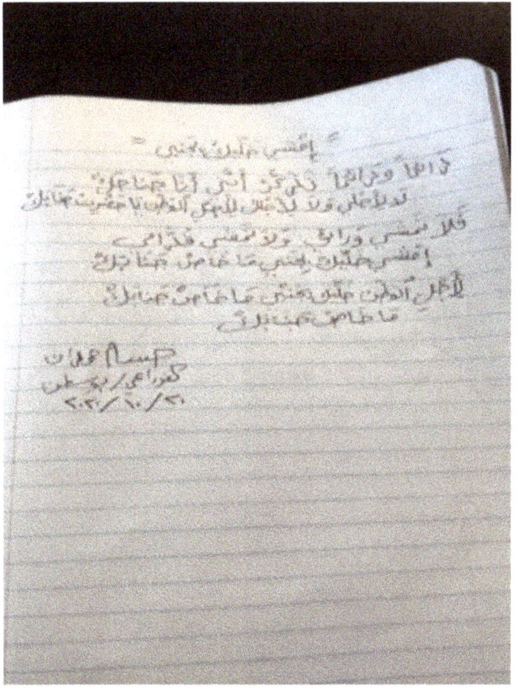

إمْشِـــي خلِّيــكْ بجنبــي

دائمًا دئما تَذكر أنَني أنا جنَاحك

لا لأجلِي ولَا لأُجلَك لأجلَ وطَنِي يا حَضرتَ جنَابِك

لا تمشي ورائي ولا تمشي قدامي

أمَشي خلَيك بجِنبَي ما خَاص جنابك

لأجَل الوطَن خَليَك بجنبي ماخَاص جنَابك

ما خاصِ جنَابك

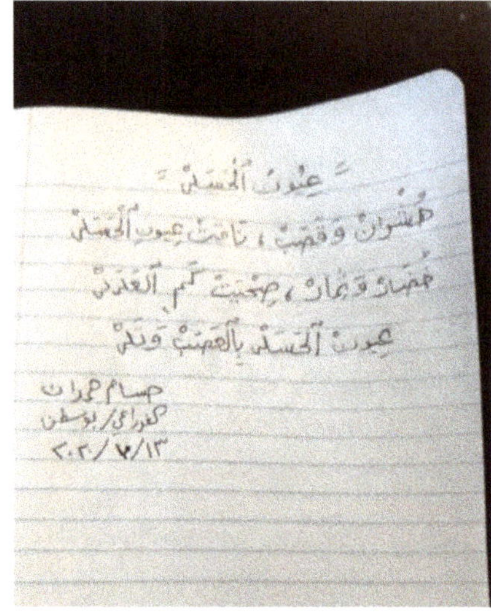

عُيـــونْ الحَسَــــدْ

هُشْرانْ وَقَصَبْ

نَامَتْ

عيون

الْحَسَدْ

خُضَارْ

وَثمارْ صِحْيَتْ

كَم

العَدَدْ

عيونْ

الحَسَدْ بالعَصَبْ

وَتَدْ

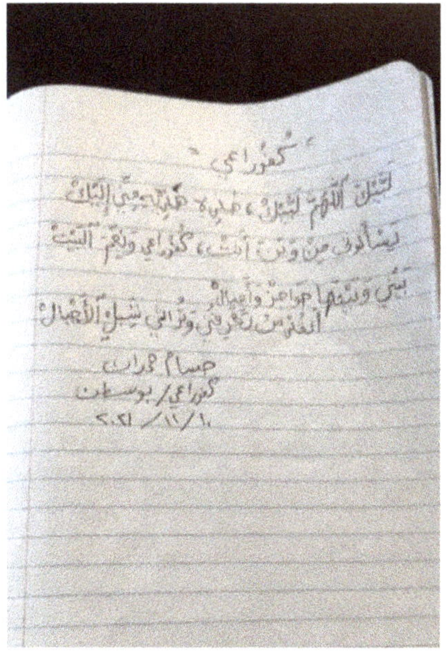

كُفــــر راعي

لَبَّيْكَ اللهمَّ لَبَّيْكْ
هَذِّه هديّه مِنّي الَيْكْ

يَسْالوني مِنْ وَيْنَ أَنَتْ
كُفر راعي ونعمَ البَيتْ
بَيني وَبَينها حَواجِز وَاميالْ
القُدْسُ تَعْرِفُني
وتُراثي شِبلِ الاجيالْ

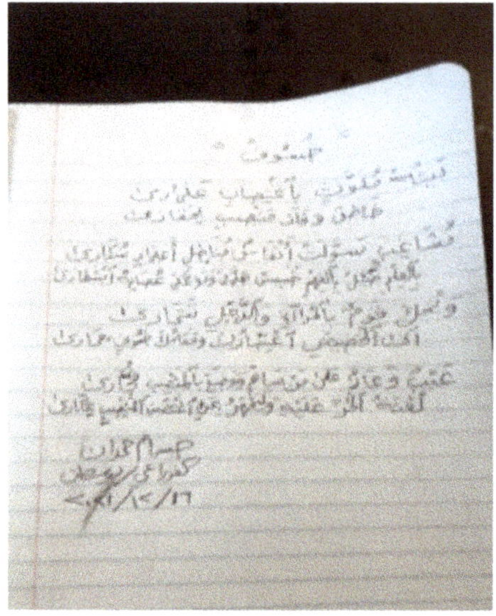

خسوف

بَيتُه مُلوَّث باغْتصاب عَذارى

خَاضَ وَفَازَ مَنصب بحقَارَى

مُشَاغب سَوَّلت انْفَاسَ مُنَاضل اعذار سُكارى

بأَلعلم ضَئَيل بِالفهم خسيَس هدَد وتَوعد عَصَابة بشطَارى

ويحك قوم بالمراة والدجل تتمارى

الى الحَضيض اعتَبارك ومقَامك خُسُوفَ قَمارى

عيب وعار على مِنْ سَاهم ووضَع بالمَنصب فجَارى

لعنة الحُر عليه وليجهر بمِن اغتَصب المَنصب بمكَارى

تَحْت احتِــلال

حَافْني نِسْيانْ وَنَا مَاشِي لَمْكانْ

أنْ مَشَيتْ للِيمينْ حَتُدَحْدَلْ لِقاعِ الوادي رَمْيانْ
إنْ مَشيتْ للِيسارْ الشوْم Cha حيدكدكني وحطُّوني بِشْوالْ
أنْ مَشَيتْ لُورى راسْ برودي بِظَهري أمْشِي وَلَهْ
مَشيتْ دُغري لَطُمْ راسي بجدار اتذَكَّرتْ مينْ ووينْ أنَا
تِحْتِ احْتِلالْ يا عُذْري تِحْتِ احْتِلالْ

«ولا تمشي على الأرض مرحًا»

كبريـــــاء

تخبطُ الأرضَ وتنفش ريشها

وباءٌ خاوية على عروشها

يتساقطُ الرَّيشْ إبرا وقَلَمْ

سنَّارةٌ لنفَّاثة العُقد نَدَمْ

مَشت مَرَحًا لا خرقت ولا بلغت

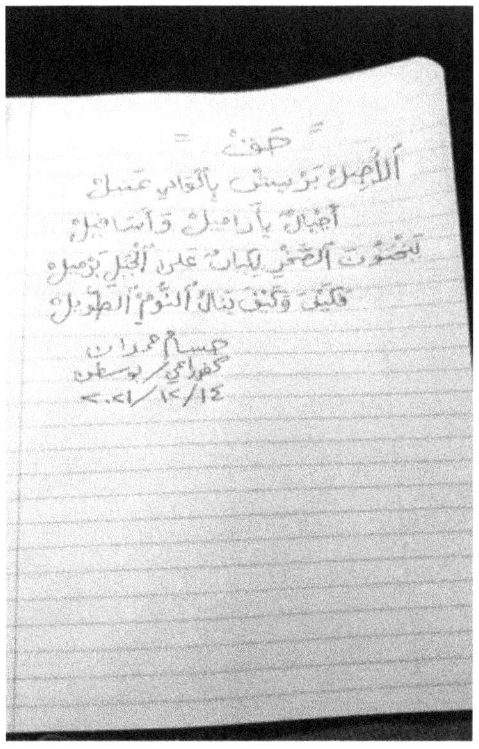

حَــقْ

الأصلْ بربيشْ بالوادِ عَتيلْ
أجيالٌ بأزاميلْ وأسافيلْ
ينحتونَ الصّخر لكيانٌ على الجبل برميلْ
فكيفَ وكيفَ ينالُ النَّوم الطَويلْ

الفهرس

٢٧	تقشير اللوز
٢٨	طبع بوضع
٢٩	التوجيهي
٣٠	عالحدود
٣١	يا ريت
٣٢	زنبق
٣٣	تفضل جيرة الله عليك
٣٤	برِ
٣٥	المفكر
٣٦	جمعة اجمعيني
٣٧	ليل
٣٨	الله ايعين
٣٩	تربایة
٤٠	الصبار صبر
٤١	يا صانع القانون
٤٢	جمعتكم مباركة
٤٣	أقوال من تراثنا
٤٤	مصير قوم
٤٥	لهجة الكلام
٤٦	السر ضاع مفتاحه
٤٧	ورود
٤٨	جمعة شعبان
٤٩	طمئنينة
٥٠	ذيل الكلب عمرها ما ابتنعدل
٥١	أثر

مداد	٧٧
ي فجوة	٧٨
مين امكيل بصاعك	٧٩
بعبّه	٨٠
عصّفي	٨١
تشدّق	٨٢
جمعة صيف	٨٣
بالعروة	٨٤
محتال	٨٥
أسرار بدوارة	٨٦
سبر	٨٧
طوس	٨٨
قائد	٨٩
كيف يكون	٩٠
دبكة كفرراعي	٩١
الجروشة	٩٢
حبايل	٩٣
وصولية	٩٤
عزة نفس	٩٥
غصب	٩٦
ترف	٩٧
زفة كفرراعي / فلسطين	٩٨
أدفى مكان	٩٩
حق	١٠٠
عسطح تعلى	١٠١

١٤٨	خداع
١٤٩	حواجب ورموش
١٥٠	خُلق
١٥١	هجران
١٥٢	تربت يداك
١٥٣	كنز الله
١٥٤	شنارة بلدي
١٥٥	ظحظاح
١٥٦	لحظ أوفر
١٥٧	ردي على الظهر
١٥٨	راس روس
١٥٩	لا تلحسه كله
١٦٠	أما خزوق
١٦١	امدلى
١٦٢	صمود
١٦٣	مستقر
١٦٤	زوان
١٦٥	كنفد
١٦٦	قول متداول
١٦٨	حواليك حواليك
١٦٩	مشحرة
١٧٠	تخلّف
١٧٠	الثقة
١٧١	عساك تراني
١٧٢	قلايد